Andrea Raulf

Bootsferien in Großbritannien und Irland

Europas schönste Binnengewässer

Bootsferien

in Großbritannien und Irland

Top-Reviere Band 1

Andrea Raulf

pietsch

IMPRESSUM

Einbandgestaltung: Dos Luis Santos
Titelbild: Locaboat Holidays
Bildnachweis: s. Anhang
Schifffahrtszeichen: Abdruck mit freundlicher Genehmigung der Nautischen Veröffentlichung Verlagsgesellschaft
Karten: KARTOGRAPHIE Peh/Schefcik, Eppelheim

Idee und Gesamtkonzeption: BVM Beratung für Verbandsmanagement Kirsten Wachkamp,
Unter Käster 1, 50667 Köln, Tel. 0221-1207409

ISBN 3-613-50410-3

1. Auflage 2002

Lektorat: Martin Gollnick
Innengestaltung: Anita Ament
Druck: Maisch & Queck, 70839 Gerlingen
Bindung: Karl Dieringer GmbH, 70839 Gerlingen
Printed in Germany

INHALT

Blühende Heidelandschaften verleiten dazu, die Seele baumeln zu lassen.

Liebe Leserin, lieber Leser,

Mit diesem Reiseführer halten Sie ein neuartiges Produkt für die Planung Ihrer Boostferien in den Händen. Das Buch will Sie auf die Schönheiten Ihrer Reise einstimmen und Ihnen gleichzeitig die wichtigsten Tipps und Informationen zur Vorbereitung Ihres Törns geben. Egal, ob Sie ein „alter Charter-Hase“ oder aber Einsteiger in diese faszinierende Urlaubsform sind.

Wir, die Mitglieder der Vereinigung Deutscher Yacht-Charterunternehmen e.V. haben unsere gewachsenen Branchenerfahrungen in dieses Buch einfließen lassen. Als VDC sind wir der Zusammenschluss führender Charterfirmen in der Bundesrepublik Deutschland. Bereits seit 1981 erarbeiten wir ein breitangelegtes Dienstleistungsangebot für Charterkunden sowie Problemlösungen für die gesamte Branche.

Unsere wichtigsten Ziele sind die stetige Steigerung der Qualitäts- und Sicherheitsstandards bei der Charter sowie der Serviceleistungen für Charterunternehmen und deren Kunden. Speziallösungen im Versicherungssektor oder die Einrichtung einer Schiedsstelle zur außergerichtlichen Schlichtung von Streitfällen zwischen Charterunternehmen und Kunden sind nur einige der Projekte, die wir erfolgreich umgesetzt haben.

Viele der hier vorliegenden Tipps und Informationen sind das Ergebnis unserer intensiven Arbeit für einen unbeschwerten und sicheren Bootsurlaub. So zum Beispiel unsere „Richtlinien“, die als freiwillige Selbstverpflichtung unseres Verbands Transparenz und Klarheit bei der Abwicklung Ihrer Charterreise schaffen.

Wir wünschen Ihnen viel Vergnügen mit den schönsten Genusstouren auf den Binnenrevieren Europas und immer eine Handbreit Wasser unter dem Kiel.

Ihre
Vereinigung Deutscher
Yacht-Charterunternehmen

Wie ein Flickenteppich aus Wasser, Inseln und Inselchen präsentiert sich der Lower Lough Erne.

Kaum ein Land, in dem die Vergangenheit so lebendig wäre wie in Irland. Vor 9000 Jahren kamen die ersten Siedler auf die grüne Insel, und während seines ganzen Urlaubs wird man das Gefühl nicht los, dass gleich hinter dem nächsten Baum ein Druide hervortreten wird, die goldene Sichel und einen Mistelzweig in der Hand. Nicht ganz unschuldig daran ist sicherlich die grandiose Landschaft Irlands: Atemberaubende Küstenlinien, die über dem gischtenden Atlantik aufragen, majestätische Bergketten, die sich in sanften Hügeln verlieren, Täler, still und verschwiegen – und natürlich die Flüsse und Seen, quirlige Bachläufe und verzauberte Teiche, deren spiegelglatte Oberfläche man nicht anzurühren wagt, aus Furcht, einen geheimen Zauber auszulösen. Sinnenverwirrend auch der Himmel über Irland, der beinahe minütlich sein Antlitz wechselt, jagende Wolkenfetzen geben strahlendes Blau frei und verdecken es wieder im ewigen Spiel.

Psst – haben Sie es auch gehört? Gehen Sie dem Geräusch nach, folgen Sie Ihren Ohren, auch wenn Sie ihnen nicht ganz trauen, denn diese Klänge sind wirklich von dieser Welt: Eine irische Harfe klingt wie kein anderes Instrument, fast noch so wie ihre „Urmutter“, die Brian Boru Harfe aus dem 14. Jahrhundert, die heute im Dubliner Trinity College aufbewahrt wird. Gemeinsam mit einer kleinen Flöte erschafft sie eine Musik, so typisch und anrührend, wie man sie seit Hunderten von Jahren nur auf dieser Insel kennt.

Mit ein wenig Glück zur rechten Zeit am rechten Ort können Sie diese Musik live erleben – nein, nicht gegen teures Eintrittsgeld auf einem Konzert, sondern im Pub, dieser liebenwerten Kneipe, die viel, viel mehr ist als eine Kneipe: Der Kitt, der das Dorfleben zusammen hält. Eine nationale Institution. Ein liebgewonnener Zeitvertreib. Die Konkurrenz zur Tageszeitung. Gerüchteküche und zweites Wohnzimmer. Der Fels in der Brandung. Und, und, und... Und vor allem auch ein Ort, an dem selbst ein Fremder sich nach kürzester Zeit fühlt, als lebte er schon seit Jahren hier. Mit der legendären Gastfreundschaft der Iren werden Sie sofort in ein Gespräch verwickelt, Ihr Guinness- oder Whiskey-Glas wird niemals leer, und wenn Sie am nächsten Morgen aufwachen, werden Sie nicht mehr so genau wissen, welche der unzähligen Geschichten der Wahrheit entspricht und welche auf der puren Fabulierlust Ihrer neuen Freunde beruht.

Ganz ähnlich wird es Ihnen auch in den Pubs Englands ergehen – denn im Pub vergisst selbst der distinguierte Engländer gern schon einmal, dass er mit seinem Bowler Hat und Regenschirm doch eher „very british“ sein müsste. Besonders in Schottland sollten Sie sich für Ihren Besuch im „Public House“, wie die eigentliche Bezeichnung des Pubs lautet, sehr viel Zeit nehmen: Ähnlich wie die Iren sind die Schotten ein Volk der Geschichtenerzähler – was aufgrund der uralten Geschichte dieses Landstrichs nicht weiter verwunderlich ist. Seit Jahrhunderten herrschen hier die Clanfamilien, jede in Kilts der eigenen Farbe gewandet, auf Burgen, die uneinnehmbar auf den Spitzen der Berge thronen und weit ins Land schauen.

Ebenso reich an faszinierenden Landschaften und einer nicht weniger faszinierenden Geschichte ist die Gegend um Lan-

Typisches schwarz-weisses Tudor-Fachwerk: Die Guildhall in Leicester.

caster, Manchester und Liverpool. Römer, Wikinger, Normannen – sie alle haben hier gelebt und dem Norden Englands ihren Stempel aufgedrückt. Trutzige Burgen, mittelalterliche „guild halls“, viktorianische Landsitze und Tudorhäuser mit ihren klaren schwarz-weißen Fachwerkfassaden lassen Sie an die Existenz einer Zeitmaschine glauben. Inmitten der Geburtsorte von industrieller Revolution, dem Rolls Royce und den Beatles würde auch eine solche Erfindung nicht weiter verwundern. Steuern Sie am Abend den nächsten Pub an und spülen Sie Ihre Verwirrung mit einem Pint Ale hinunter!

Weniger auf ein Glas Bier, sondern eher auf einen 5 o'clock afternoon tea wird man Sie im „Heart of England“ bitten. Eine Tasse Tee passt auch viel besser zu dieser lieblichen Gegend, die mit ihren sanften Hügeln, den lichten Wäldern und mittelalterlichen Marktflecken alle Klischees bestätigt, die der „Normaleuropäer“ von England hat. Hochherrschaftliche Anwesen, in deren weitläufigen Parks weißgekleidete Herren Cricket spielen am Sonntagnachmittag, während der Butler das Gebäck serviert. Verschrobene alte Ladies, die mit Hingabe ihre Rosen pflegen. An den Bushaltestellen kein Gedrängel, sondern in ordentlichen Schlangen Kinder in Schuluniformen und – very british – Männer mit Bowler auf dem Kopf sowie einem Regenschirm und der „London Times“ unter dem Arm. Und auch hier erleben Sie auf Schritt und Tritt Geschichte und Geschichten: Imposante Kathedralen erzählen von den lang vergangenen Tagen der Mönche und der Hexenprozesse, durch den Sherwood Forest ritt einst Robin Hood mit seinen treuen Mannen, und im malerischen Städtchen Stratford-upon-Avon erblickte William Shakespeare das Licht der Welt, der Autor unsterblicher Gedichte und Schauspiele.

Im Osten Englands wird die Landschaft spürbar flacher und neigt sich allmählich dem Meer zu. Die Küste überrascht mit kilometerlangen weißen Sandstränden und den typischen englischen Piers, die nach langen Jahren im Dornröschenschlaf nun wieder zu neuem Leben erweckt werden: Zwar trägt die Dame von heute kein Rüschenkleid und Sonnenschirmchen mehr, doch die alten Traditionen der Karussells und der „end-of-pier“-Theatervorführungen zur Sommerzeit sind heute wieder genauso beliebt wie in der viktorianischen Ära.

Im Hinterland begeistern die Norfolk Broads nicht nur Wasserreisende, sondern vor allem die Naturfreunde. Seltenste Tiere und Pflanzen haben seit der Entstehung der Broads im 12. bis 14. Jahrhundert hier eine Heimat gefunden. Auf verschwiegenen Pfaden können Sie diese ganz besondere Landschaft entdecken, die mit Windmühlen und pittoresken Dörfchen gesprenkelt ist.

Bei Ihrer Reise über die Themse im Süden Englands werden Sie behutsam wieder aus der Vergangenheit zurückgeführt in die Gegenwart. Die historische Altstadt von Oxford summt vor buntem, studentischem Leben. Bis vor die Tore von Windsor Castle durchschneiden die schlanken Ruderboote das Wasser des Flusses bei der alljährlichen Königlichen Regatta, und in Ascot muss man sich entscheiden, ob man lieber die stolzen Rennpferde oder die Haute Couture der Saison bewundern

Ein Bild, das Fernweh weckt: Blick über den Shannon und die Ruinen von Clonmacnoise.

möchte. Einen Katzensprung nur entfernt liegt London – Hauptstadt von England und dem Vereinigten Königreich. Diese Stadt mit Worten zu beschreiben, würde das Fassungsvermögen dieses Buches sprengen – es hilft alles nichts, Sie müssen schon selbst dorthin reisen!

Ebenso würde eine Auflistung aller Pubs an den Strecken den Umfang dieses Reiseführers überstrapazieren, so dass Sie im Anhang der Touren lediglich eine Auswahl besonders empfehlenswerter Restaurants finden. Denn wer meint, dass die Gastronomie Englands nur Porridge und Toast zu bieten hätte, irrt gewaltig. Die Anzahl der Sterne-Restaurants im Land ist enorm, und in vielen von ihnen wird der klassischen britischen Küche gehuldigt. Probieren Sie in Schottland unbedingt das Nationalgericht „Haggis", das an hohen Feiertagen stilecht von einem typisch mit einem Kilt bekleideten Schotten mit einem Dolch angeschnitten wird. Dabei sollte unbedingt die Ode „Adress to a Haggis" von Robert Burns, dem schottischen Heimatdichter, vorgetragen werden! Berühmt sind auch die Käse von England, Stilton oder Cheddar sind mittlerweile auch hierzu-

lande ein Begriff. Gar nicht zu reden von den Pies und Cakes und Puddings...
Nehmen Sie sich die Ruhe und die Zeit, die das Reisen mit dem Hausboot mit sich bringt, um die genussvollen Eindrücke auf sich wirken zu lassen.

Top 12

Lernen Sie Land und Leute aus einer außergewöhnlichen Perspektive kennen: Vom Wasser aus. Die Reisen wurden unter folgenden Kriterien für Sie ausgewählt:

- reizvolle Landschaften
- kulturelle und gastronomische Highlights
- bootsfreundliche Infrastruktur
- geringer Schwierigkeitsgrad
- unbedenklich für Umwelt und Natur

Die hier vorgestellten zwölf Touren sind so ausgewählt, dass sie sowohl dem kulturellen als auch dem gastronomischen Anspruch gerecht werden. Die schönsten Landschaften in Verbindung mit auch für den Hausboot-Anfänger leicht zu bewältigenden Routen garantieren, dass die Urlaubsreise nicht in Plackerei ausartet, sondern von Anfang an ein genussreiches Erlebnis bietet.

Keine Angst!

Wenn Sie dieses Büchlein lediglich gekauft haben, um als „alter Skipper" ein paar neue Tourvorschläge an die Hand zu bekommen, dann können sie diesen Abschnitt überspringen. Für all diejenigen aber, die vielleicht schon seit geraumer Zeit von einem Urlaub auf dem Wasser träumen, insgeheim aber bei sich denken: „Ich kann doch gar nicht Boot fahren", sei hier als Erstes und Wichtigstes betont: Doch, das können Sie. Ganz bestimmt sogar. Wer Auto fahren kann, kommt auch mit einem Boot klar. Jedenfalls mit den Booten, von denen in dieser Buch-Reihe die Rede ist. Nur zwei Dinge benötigen Sie dazu: Ein bisschen Vorbereitung und Planung, denn ganz so routiniert, wie Sie sonst vielleicht im Urlaub ein Hotelzimmer beziehen, werden Sie Ihr erstes Boot zweifelsohne nicht übernehmen. Und ein bisschen Hilfe, denn auch, wenn Sie Bug und Heck eines Bootes sicher auseinander halten können, kann Ihnen beispielsweise Ihr Vercharterer noch so manches zeigen, was Sie als Anfänger ganz bestimmt noch nicht wissen.
Und Sie können sich darauf verlassen: Genau das wird, ja muss Ihr Vercharterer auch tun! Eine ausführliche Einweisung in das Boot und seine Bedienung mitsamt den wichtigsten Fahrmanövern erhalten Sie auf jeden Fall vor Antritt Ihrer Reise – zumindest, wenn es sich um einen seriösen und/oder größeren Verchar-

terer handelt. Und wenn dann doch einmal ein Anlegemanöver ein paar Kratzer im Schiffsrumpf hinterlässt, dann sind Sie in der Regel automatisch gut versichert. Darüber hinaus dürften Sie in den weitaus meisten Fällen von Ihrem Vercharterer auch vorab schon genügend Informations-, Karten- und sonstiges Material erhalten, sodass auch Vorbereitung und Planung keine Probleme mehr darstellen sollten.

Und schließlich finden Sie natürlich auch in diesem Buch noch jede Menge Tipps zum Urlaub auf dem Wasser und zu den Besonderheiten der einzelnen Touren. Deshalb: Auch wenn Sie sich auf Anhieb für eine Tour entschieden haben, legen Sie das Buch nicht gleich zur Seite. Im Anhang finden Sie noch einige Abschnitte, auf die Sie vor Fahrtantritt unbedingt einen Blick geworfen haben sollten!

Vor Ihrem Urlaub auf dem Hausboot

Informieren Sie sich schon vor Antritt der Reise über das gewählte Urlaubsziel: Besonderheiten des Landes, Einreise- und Ausreisebestimmungen (wichtig vor allem auch, wenn Sie Haustiere mitnehmen wollen), Währung, Navigationsbesonderheiten, Wörterbücher etc. Denken Sie auch an die Hausapotheke und einen Werkzeugkasten für kleinere Reparaturen (falls nicht an Bord vorhanden)! Besorgen Sie sich entsprechendes Kartenmaterial (detaillierte See- oder Gewässerkarten) und Reiseführer für die Region und fragen Sie auch unbedingt Ihr Charterunternehmen nach der Ausstattung des Bootes: Ist Bettzeug und Kücheneinrichtung vorhanden oder müssen Sie dies selbst mitbringen? Fast alle Boote sind modern und komfortabel eingerichtet, Kühlschrank, Herd, Badezimmer mit Toilette und Dusche, Warmwasserbereitung, Heizung, Liegestühle und andere Annehmlichkeiten gehören mittlerweile zur Standardausstattung. Insgesamt ist die Raumaufteilung auf einem Hausboot gut durchdacht, doch es ist ratsam, ein Boot zu mieten, das für mehr Personen ausgelegt ist, als tatsächlich an Bord gehen werden. Aufgrund der Bootsgröße unterscheidet sich die jeweilige Ausstattung, so dass Sie auf einem größeren Hausboot den Komfort Ihres schwimmenden Heims erst so richtig genießen können.

Für kleinere Ausflüge ins Umland empfiehlt sich die Mitnahme von Fahrrädern. In größeren

Städten können Sie aber auch Räder oder ein Auto vor Ort mieten. In jedem Fall sollte zu Ihrer Grundausstattung ein Rucksack, Wanderschuhe und eine Angel gehören.
Berücksichtigen Sie bitte, dass wie bei jeder andere Reise auch bei Hausbootferien in der Hochsaison Engpässe entstehen können: Buchen Sie Ihre Reise rechtzeitig!

Führerschein

Grundsätzlich gilt für das Befahren der Binnenwasserstraßen Großbritanniens und Irlands für Charterboote die Führerscheinfreiheit. Das Mindestalter des Bootsführers beträgt 21 Jahre, eine Fahrpraxis muss nicht nachgewiesen werden. Bedenken Sie aber in Ihrem eigenen Interesse, dass es auch kompliziertere Fahrwasser gibt, die dem Anfänger Probleme bereiten können. Nutzen Sie die Einweisung durch Ihr Charterunternehmen und üben Sie die Manöver mit dem Personal – jetzt können Sie noch Fragen stellen, später sind Sie auf sich allein gestellt!

Im Hafen angekommen

Die Charterunternehmen sind verpflichtet, den Mieter nicht nur in die technischen Funktionen des Bootes einzuweisen, sondern ihn auch unter Aufsicht bestimmte Manöver und eine Probefahrt absolvieren zu lassen. Zunächst kontrollieren Sie die Einrichtung des Bootes im Hinblick auf die zwei Funktionen Ihrer schwimmenden Ferienunterkunft: „Haus“ und „Boot“. Sind alle bei der Anmietung abgesprochenen Einrichtungen (Kühlschrank, Heißwasser, Liegestühle etc.) vorhanden und funktionstüchtig? Lassen Sie sich die Bedienung des technischen Equipments (Motor, Steuerruder usw.) genauestens und in allen Einzelheiten erklären bzw. vorführen. Alles, was Sie bei der Übernahme nicht reklamieren, gilt im Streitfall als ordnungsgemäß übergeben. Verzichten Sie vor allem nicht aus Zeitgründen auf die Probefahrt, im Ernstfall könnte sich dies rächen und Ihre Sicherheit gefährden.
Ihr Charterunternehmen kann Ihnen auch Auskunft zum Thema „Gebühren“ geben. Erkundigen Sie sich schon im Vorfeld, ob diese Gebühren für die Nutzung der Wasserstraße oder der Schleusen und Brücken schon im Gesamtpreis Ihrer Reise inbegriffen sind oder ob sie separat entrichtet werden müssen.

EDITORIAL

Der Anleger von Athlone zu Füßen des normannischen Athlone Castle.

Bei manchen Vercharterern besteht die Möglichkeit, mit einem ersten Proviant ausgestattet zu werden. Sollten Sie sich für diese Möglichkeit entschieden haben, kontrollieren Sie auch hier die Vollständigkeit. Ansonsten unternehmen Sie einen ersten Einkaufsbummel im Ort Ihres Abreisehafens und stimmen sich ein auf die kulinarischen Gegebenheiten des Landes, das für die nächste Zeit Ihr Zuhause sein wird.

Lassen Sie sich von Ihrem Charterunternehmen über die Besonderheiten des Gewässers informieren: Auskünfte sind besonders wertvoll, wenn sie von den „Insidern“, die jeden Tag mit diesem Revier zu tun haben gegeben werden. So können Sie Wichtiges erfahren über Geschwindigkeitsvorschriften, Besonderheiten einzelner Schleusen, Hochwasser und eventuelle Ersatzstrecken, Übernachtungsmöglichkeiten an Land, gute

Stellen fürs Angeln und unter Umständen dafür notwendige Lizenzen sowie über detaillierte Wasserkarten.
Nachdem Sie nun den ersten Pflichtteil absolviert haben und mit allem Notwendigen ausgerüstet sind, steht Ihrem geruhsamen Urlaub auf dem Wasser nichts mehr im Wege!

Die Touren

Im folgenden werden Ihnen zwölf Touren in den verschiedensten Regionen Großbritanniens und Irlands vorgestellt. So können Sie mit Ihrer Lieblingslandschaft beginnen und sich nach und nach die anderen Schönheiten des Landes mit dem Hausboot „erfahren“. Jeder Tour haben wir eine kleine Beschreibung der Region vorangestellt, die einen Vorgeschmack geben soll auf das, was Sie im Laufe Ihrer Reise erwartet: Landschaften, Geschichte, Kunst, Kultur und gastronomische Highlights.
Die Routen sind unterteilt in Etappen, die von ihrer Streckenlänge und von ihrer Schleusenanzahl her in der Regel bequem in einem Tag zurückgelegt werden können. Zeiten für Entspannung, Besichtigungen, Einkaufstouren sind hierbei berücksichtigt. Die ungefähre Gesamtdauer der Reisen beträgt in fast allen Fällen eine Woche. Natürlich ist es möglich, dass Sie die vorgeschlagenen Etappen nicht buchstabengetreu einhalten werden, weil der eine oder andere Ort Sie so in seinen Bann zieht, dass Sie hier länger verweilen möchten. Informieren Sie sich deshalb im Vorfeld schon gründlich über Ihr Reiseziel, so dass Sie Ihr Boot für einen entsprechend längeren Zeitraum buchen können.
Jeder Tour ist ein Informationsteil angefügt, er informiert Sie über wichtige regionale Adressen an Land und zu Wasser. Sollten Sie detailliertere Informationen wünschen, z.B. Öffnungszeiten bestimmter Museen, wenden Sie sich bitte an die regionalen Tourismusbüros. Wir haben diese Angaben absichtlich nicht in diesen Reiseführer mit aufgenommen, da sich solche Daten erfahrungsgemäß über die Jahre verändern können. Gleiches gilt auch für Schleusenzeiten, die von Ferien und beweglichen Feiertagen abhängig sind. Die entsprechenden Adressen und Telefonnummern hierzu finden Sie im Anhang dieses Buches.

Have a nice trip!

IRLAND: SHANNON (GALWAY, OFFALY, WESTMEATH)

Beeindruckendes Zeugnis der Christianisierung Irlands: »St. Peter and Paul« in Athlone.

FESTUNGEN, KLÖSTER UND IRISH PUBS

Entlang der Grenzen der drei Counties Galway, Offaly und Westmeath schlängelt sich der River Shannon durch eine typisch irische Binnenlandschaft: Torfmoore bestimmen das Bild, gelegentlich unterbrochen von blühenden Feldern und Wiesen. Weithin sichtbar ragen alte Festungen und Klöster aus der ruhigen Landschaft, denn der Fluss war schon in alten Zeiten Grenzgebiet und seine Ufer bildeten ein Zentrum des religiösen Lebens. In all den Jahrhunderten vergaßen die Iren jedoch niemals, eine weitere »geistreiche« Tradition zu pflegen: Die Pub-Kultur.

Die Strecke von Portumna bis nach Athlone an der Einfahrt zum Lough Ree gilt als ein ideales Anfängerrevier. Die Reise führt durch eine der wenigen Stellen, an denen der Shannon eindeutig als typischer Fluss zu erkennen ist, denn vielfach erweitert er sich zu kleineren oder größeren Seen, auf denen der ungeübte Skipper bei schlechten Wetterverhältnissen auch schon einmal in Schwierigkeiten geraten kann. Ein wenig Vorsicht ist somit auch bei Beginn und Ende Ihrer Reise geboten, denn in Portumna und Athlone können bei »Schietwetter« die rauen Seewasser noch zu spüren sein.

Tour-Daten

Charakter: Ein ideales Anfängerrevier für diejenigen unter Ihnen, die zum ersten Mal den Shannon bereisen: Keine großen Seen stellen Ihr seemännisches Können auf die Probe, die Landschaft könnte nicht typischer irisch sein, und eine der bedeutendsten Sehenswürdigkeiten liegt gleich am Weg: Das alte Kloster Clonmacnoise.

Wasserstraße: Shannon

Strecke: Portumna–Athlone

Dauer: 1 Woche

Länge: 88 km

Anzahl der Schleusen: 2

Anzahl der Brücken: 1

Größter Tiefgang: 1,35 m

Größte Höhe: 4,50 m

Wenn Sie Portumna verlassen und in den Shannon einfahren, passieren Sie die Portumna-Bridge, eine Brücke aus dem Jahr 1911, die für alle durchfahrenden Schiffe geöffnet werden muss. Hierfür gibt es festgelegte Öffnungszeiten:

Zeitraum	**14.3. – 3.4.**		
Mo–Sa	9:45	11:00	12:30
	14:30	16:30	17:30
So	11:00	12:30	
	14:30	16:30	
Zeitraum	**4.4. – 25.9.**		
Mo–Sa	9:45	11:00	12:30
	15:00	17:30	19:30

So	11:00	12:30	
	15:00	17:30	
Zeitraum	**26.9. – 1.11.**		
Mo–Sa	9:45	11:00	12:30
	15:00	17:00	18:30
So	11:00	12:30	
	14:30	16:00	
Zeitraum	**2.11. – 13.3.**		
Mo–Sa	9:45	11:00	12:00
So	11:00	12:00	
samstags zusätzlich			
	14:30	15:30	

Die Portumna Bridge wird im Einbahnverkehr durchfahren: Der flussabwärts fahrende Verkehr hat Vorfahrt, was aber durch eine Ampel angezeigt wird.
Noch ein kurzes Wort zur Farbe des Wassers: Die gelblich-braune Farbe des Shannon hat nichts mit Wasserverschmutzung zu tun, sondern ist auf die Rückstände aus den Torfmooren zurückzuführen. Auf seiner gesamten Länge von 344 Kilometern entwässert der Shannon mehr als ein Sechstel der gesamten grünen Insel.

Portumna

Bis Meelick: 12 km, 1 Brücke
Portumna ist der größte Ort am Lough Derg und besitzt zwei Häfen. Der schönere von beiden ist zweifellos der »Portumna Castle Harbour«, der gleich zu Füßen des Portumna Forest Parks liegt. In der Hochsaison ist er damit allerdings auch der meist frequentierte. Etwa einen Kilometer vom Ortszentrum entfernt liegt der »Portumna Connaught Harbour«, der alle Einrichtungen und Versorgungsmöglichkeiten für Ihr Boot bietet. Geschäfte und Restaurants hingegen finden Sie in der Innenstadt von Portumna in großer Zahl.
Am nördlichen Ausgang des größten Shannon-Sees, des Lough Derg, gelegen, ist Portumna traditionell eine quirlige Hafen- und Handelsstadt – ein Flair, das sie sich durch die vergangenen Jahrhunderte hindurch in liebenswerter Weise erhalten konnte.
Sollten Sie im Castle Harbour einen Liegeplatz gefunden haben, ist die erste Station auf Ihrer Besichtigungstour selbstverständlich der Portumna Forest Park. Als ein Teil des »Earls of Clanricarde Estate«, das für den Erhalt der Natur in ihrer Ursprünglichkeit bekannt ist, zeigt der Park auf über 600 Hektar einen Einblick in die Flora und Fauna Irlands. Ein Naturlehrpfad erklärt Ihnen die außergewöhnlich große Koniferen-

Sammlung, und in eigenen Gehegen sind Damwild und eine kleine Population der seltenen Irischen Rothirsche zu bewundern.
Innerhalb eines umfriedeten Schlosshofes befindet sich Portumna Castle. Erbaut vom 4. Earl of Clanricarde im Jahre 1618, ist es eines der ersten irischen Herrenhäuser, das von der Renaissance beeinflusst wurde. Leider brannte es im Jahre 1900 fast bis auf die Grundmauern ab, wurde aber originalgetreu restauriert. Selbst der Küchengarten wird noch heute so bewirtschaftet, wie es die Bediensteten des Earls vor Jahrhunderten getan haben mögen.
Ganz in der Nähe von Portumna Castle finden Sie die Ruinen eines dominikanischen Klosters, und am gegenüber liegenden Ufer des Shannon liegt die Burg »Ballynasheera Castle«, die erst 1654 fertiggestellt wurde und somit eine der jüngsten Burgen Irlands ist.
Planen Sie Ihre Weiterreise bitte anhand der Öffnungszeiten der Portumna Bridge! Sollten Sie beim Spaziergang durch die Stadt die Zeit vergessen haben, verschieben Sie Ihre Einfahrt in den Shannon einfach um einen Tag und übernachten Sie im idyllischen Hafen.

Meelick

Bis Banagher: 5,5 km,
1 Schleuse (»Victoria-Lock«)
Sollten Sie in der Nebensaison reisen, bietet sich eine Übernachtung bei der Victoria-Schleuse in Meelick an. Einige wenige Liegeplätze garantieren eine Nacht in unberührter Natur – allerdings finden Sie hier keinerlei Infrastruktur. Eine weitere Möglichkeit zum Anlegen finden Sie nördlich des Wehrs von Meelick.
Schon zu Zeiten der Kelten galt Meelick als wichtige Furt durch den Shannon und wurde vom jeweiligen Herrscher bestens bewacht. Reste der Festungsanlagen sind noch heute zu besichtigen. Im Dörfchen Meelick selbst erwartet eine Kirche aus dem 15. Jahrhundert Ihren Besuch, die noch heute von der katholischen Kirche benutzt wird. Vom Hügel, auf dem die Kirche erbaut wurde, haben Sie einen fantastischen Blick über das Feuchtgebiet, das sich kilometerweit erstreckt und ein bedeutsames Überwinterungsgebiet für Wasser- und Watvögel ist.

Banagher

Bis Shannon Harbour: 3 km

Die Seele Irlands: Zeugnisse alter Kulturen unter einem unvergleichlichen Himmel.

Ein öffentlicher Hafen befindet sich oberhalb der Banagher Bridge; weitere Liegemöglichkeiten einige wenige Kilometer stromaufwärts bei verschiedenen Vercharterern. An deren Anlegern erhalten Sie auch Wasser und Treibstoff, und auf freundliches Nachfragen ist auch eine Übernachtung jederzeit möglich. Die zwei Kilometer lange Hauptstraße des Ortes hält zahlreiche Geschäfte und Pubs (zum Teil mit traditioneller Livemusik) für Sie bereit.

Der Ort selbst wurde erst im 17. Jahrhundert gegründet, doch schon im 11. Jahrhundert, z

Zeiten der Wikinger, soll sich hier eine Brücke über den Shannon befunden haben. Der Name Banagher bedeutet »Ort der Felsen am Shannon« – was den Bau von Verteidigungsanlagen, ähnlich wie in Meelick, sehr erleichterte. Nach dem Bau der Victoria-Schleuse wurde der Shannon auch für Hochseeschiffe befahrbar, und von Banagher aus starteten zahlreiche Emigranten in die Neue Welt.

Rund zehn Kilometer von Banagher entfernt gründete der Heilige Brendan um 560 eine Klostersiedlung. Die Besichtigung der aus dem 12. Jahrhundert stammende Kathedrale ist den weiten Weg sicherlich wert.

Kurz hinter Banagher mündet am rechten Flussufer der Grand Canal in den Shannon, der in Richtung Westen bis nach Dublin führt.

Shannon Harbour

Bis Shannonbridge: 9,7 km

Shannon Harbour ist der letzte große Hafen auf dem von Dublin kommenden Grand Canal. Sie finden hier alle notwendigen Ver- und Entsorgungsmöglichkeiten.

Hafen und Stadt waren im 19. Jahrhundert ein wichtiger Handels-Knotenpunkt in Irland. Auch für die zahlreichen Auswanderer war der Hafen eine der letzten Stationen in der alten Heimat. Viele inzwischen leerstehende Gebäude und Ruinen legen hiervon Zeugnis ab.

Am Ostufer, kurz vor Shannonbridge, zweigt der River Suck ab. Sie können hier einen Ausflug nach Ballinasloe unternehmen (16,5 km, 1 Schleuse), zumal die Schiffbarkeit des Flusses sowie der Hafen von Ballinasloe nach aufwendigen Renovierungsarbeiten erst im Jahre 2001 wieder hergestellt wurden und somit größten Komfort versprechen. Gerade die Angler unter Ihnen sollten diesen Ausflug fest in ihre Route einplanen, denn der River Suck ist ein vorzügliches Forellengebiet.

Berühmt wurde Ballinasloe durch seinen Pferdemarkt, der alljährlich Anfang Oktober stattfindet und zu den ältesten in ganz Europa gehört.

Shannonbridge

Bis Athlone: 24,7 km,
1 Schleuse

Der Anleger von Shannonbridge ist nicht ganz ohne: Bei Hochwasser verschwinden Teile der Kaimauer unter Wasser und es

Blick vom Rundturm des Nationaldenkmals Clonmacnoise auf den River Shannon.

besteht die Gefahr, dass Ihr Boot aufsetzt. Am Kai selbst finden Sie zahlreiche Wasseranschlüsse, und in der Stadt sorgen malerische kleine Geschäfte und Pubs für Ihr Wohl.

Shannonbridge erhielt seinen Namen nach der vielbogigen Brücke, die seit dem Jahr 1757 den Shannon überspannt und eine der ältesten noch in Betrieb befindlichen Brücken am Fluss ist. Zur Zeit Napoleons wurde die Stadt von den Engländern zur Festung ausgebaut, deren Überreste am Westufer besichtigt werden können.

Einige Kilometer außerhalb des Ortes befindet sich das größte Torfkraftwerk Irlands. Seit 1948 wird in Irland Strom aus Torf erzeugt; dieses Kraftwerk wurde 1965 in Betrieb genommen. Mit einer Torfbahn können Sie Ausflüge in die angrenzenden Moore unternehmen und sich über den Abbau und die Weiterverarbeitung des kostbaren fossilen Rohstoffes informieren.

Etwa 25 Kilometer von Shannonbridge entfernt liegt Tullamore – berühmt für seine Whiskey-Destillerie.

Nach zehn Kilometern gemütlichen Dahinschipperns durch die typische Moor- und Heidelandschaft Irlands gelangen Sie zum Nationaldenkmal »Clonmacnoise«. Clonmacnoise hat einen eigenen schwimmenden Anleger unterhalb der Klosterruine, der allerdings nur für einen kurzen Halt geeignet ist. Wasseranschlüsse sind zwar vorhanden, doch die Strömung ist in diesem Teil des Shannon mitunter doch recht stark, so dass Sie für eine Übernachtung die Häfen von Shannonbridge oder Athlone aufsuchen sollten.

Vom Gründer von Clonmacnoise, dem Heiligen Ciaran, ist leider nicht viel überliefert. Fest steht jedoch, dass das Kloster sich seit seiner Gründung im 6. Jahrhundert zum geistlichen Zentrum Irlands entwickelte. Zahlreiche Zerstörungen durch Wikinger, Normannen und zerstrittene irische Könige lassen den vergangenen Glanz von neun Kirchen und einer Kathedrale heute nur noch erahnen. Recht gut restauriert ist die Kirche »Nun's Church«, etwa 500 Meter außerhalb des Klostergeländes gelegen. Ende des 12. Jahrhunderts erbaut, faszinieren vor allem ihre reichen Verzierungen im irisch-romanischen Stil. Sachkundige Führungen durch die Klosteranlage werden übrigens in allen gängigen europäischen Sprachen angeboten.

Kurz vor der Einfahrt nach Athlone werden Sie die größte und modernste Schleuse des Shannon kennen lernen: Der komplette Schleusenmechanismus funktioniert hydraulisch.

Athlone

Zwischen Schleuse und Brücke gibt es zahlreiche Möglichkeiten, festzumachen. Wasser und Treibstoff erhalten Sie ein wenig weiter flussaufwärts im Lough Ree. Beste Einkaufsmöglichkeiten in der Stadt.

Am südlichen Ende des Sees »Lough Ree« gelegen, ist Athlone nicht nur der Endpunkt Ihrer Reise, sondern auch die größte Stadt am schiffbaren Shannon. Ihre Lage fast genau im Zentrum von Irland machte Athlone schon vor vielen Jahrhunderten zum Verkehrs- und Handelsknotenpunkt der Insel. Erschrecken Sie nach der Ruhe auf dem Fluss nicht über das geschäftige Treiben, auf das Sie hier treffen! Oder flüchten Sie in die Ruhe der normannischen Burg »Athlone Castle«, die 1210 erbaut wurde. Erst 1937 vollendet wurde die Kirche »St. Peter and Paul« gleich neben der Burg, die durch ihre außergewöhnlichen Glasfenster beeindruckt.

Lassen Sie Ihre erste Begegnung mit Irland und seinem River Shannon ausklingen in »Sean's Bar« oberhalb der Schleuse. Angeblich ist »Sean's« der älteste Pub Irlands – aber wie Sie sicherlich auf Ihrer Reise erfahren haben, sind die Iren ein Volk der großen Geschichtenerzähler.

Adressen

Touristische Informationen:

Irische Fremdenverkehrs-zentrale
Untermainanlage 7
60329 Frankfurt
Tel.: 069-9231850
Fax: 069-92318588
E-Mail: info@irishtourist-board.de
Website: www.irland-urlaub.de

Irland West:
Tourism Office
Aras Fáilte
Eyre Square
Galway
Tel.: 00353-91-563081
E-Mail: user@wester-tourism.ie
Website: www.westireland.tra-vel.ie

Midlands East (für Athlone):
Tourism Office
Dublin Road
Mullingar
Tel.: 00353-44-48650
Fax: 00353-44-40413
E-Mail:
midlandseasttourism@tinet.ie
Website: www.midlandseastire-land.travel.ie

Shannon:
Development, Tourism
Devision
Shannon Town Center
Shannon
Tel.: 00353-61-361555
Fax: 00353-61-363180
E-Mail: info@shannon-dev.ie
Website: www.shannon-dev.ie

Sehenswürdigkeiten:

Portumna Castle & Forest Park
Portumna
Co. Galway
Tel.: 00353-509-41658

Nationaldenkmal Clonmacnoise
Shannonbridge, Athlone
Co. Offaly
Tel.: 00353-905-74195
Fax: 00353-905-74273

Torfbahn
Blackwater Works
Shannonbridge, Athlone
Co. Westmeath
Tel.: 00353-905-74114
Fax: 00353-905-74210

Tullamore Destillerie
Bury Quay
Tullamore Co. Offaly
Tel.: 00353-506-25015
Fax: 00353-506-25016

Athlone Castle
Saint Peters Square
Athlone
Co. Westmeath
Tel.: 00353-902-72107
Fax: 00353-902-72100

Häfen:

Portumna Castle Harbour (Wasser, sanitäre Einrichtungen)

Connaught Harbour (Wasser, Treibstoff, sanitäre Einrichtungen)

Meelick
an der Schleuse »Victoria Lock« (keine Infrastruktur)

Banagher (Wasser, Treibstoff, sanitäre Einrichtungen)

Ballinasloe (Wasser, Treibstoff, sanitäre Einrichtungen)

Shannon Harbour (Wasser, Treibstoff, sanitäre Einrichtungen)

Shannonbridge (Wasser, sanitäre Einrichtungen)

Clonmacnoise (Wasser)

Athlone (Wasser, Treibstoff, sanitäre Einrichtungen)

Restaurants:

Treston Restaurant
Killimore Road
Portumna

The Vine House
The Manager
West End
Banagher

Hayden's Gateway
Dunlo Street
Ballinasloe
Tel.: 00353-905-42347
Fax: 00353-905-42895
(Traditionelle irische Küche.)

Tohers
18 Dunlo Street
Ballinasloe
Tel.: 00353-905-44848
Fax: 00353-905-44844

L'Escale – Hotel-Restaurant
Athlone
Tel.: 00353-902-80500
Fax: 00353-902-80520
(Lage am See.)

Castledaly Manor – Hotel-Restaurant
Castledaly
Athlone
Tel.: 00353-902-81221
Fax: 00353-902-81600
(Landherrensitz, teilweise aus dem 17. Jahrhundert, in dem selbst angebaute Produkte verarbeitet werden.)

Creggan Court – Hotel-Restaurant
N6 Centre, Dublin Road
Athlone
Tel.: 00353-902-77777
Fax: 00353-902-77111
(Traditionelle und internationale Küche.)

IRLAND: SHANNON (LONGFORD, ROSCOMMON LEITRIM)

Hautnahe Begegnung mit der vielfältigen Natur Irlands.

IM HERZEN DER GRÜNEN INSEL

Longford, Roscommon, Leitrim... Allein die Namen der Counties, die der Shannon auf seinem Weg gen Norden durcheilt, lassen von den wechselvollen Zeiten Irlands zwischen Keltentum und Christianisierung träumen. Fast unmerklich gehen die moorigen Ebenen über in die ersten Ausläufer der nördlichen Hügelkette. Kleine und größere Seen säumen den Weg, und mit ein wenig Fantasie erscheinen in den lauschigen Wäldern schemenhaft die Druiden alter Zeit, ertönen leise Flöten und Harfenklang...

Dieser Abschnitt des Shannon zählt zu den schönsten überhaupt: Der Fluss erweitert sich immer wieder zu größeren und kleineren Seen, die alle entdeckt werden wollen. Wenn auch der direkte Weg von Lanesborough nach Carrick-on-Shannon mit 50 Kilometern nicht besonders weit erscheint – nehmen Sie sich genügend Zeit, um all die versteckten Eckchen und den abwechslungsreichen Flusslauf zu erkunden.

Gleich der Anfang Ihrer Reise ist ein wahres Eldorado für Angelfreunde: Durch das nahe Torfkraftwerk ist das Wasser des Shannon an dieser Stelle recht warm, und so gedeihen hier die prächtigsten Exemplare von Forellen, Hechten, Karpfen und Barschen. Doch auch im weiteren Verlauf der Reise werden Sie immer wieder auf Orte treffen, die schon von zahlreichen Petrijüngern in Besitz genommen wurden.

Die Strecke ist aber nicht nur für passionierte Angler, sondern vor allem für Hausboot-Anfänger sehr gut geeignet, denn der Shannon und seine kleinen Seen stellen den Skipper vor keine großen Herausforderungen. Auch die drei zu passierenden Schleusen sind alle bemannt, so dass Sie bei den Manövern auf erfahrene Hilfe zählen können, sollte es denn einmal nötig sein.

Tour-Daten

Charakter: Einer der schönsten Abschnitte des Shannon erwartet Sie: Kleinere und größere Seen sind ein Eldorado für passionierte Angler. Ausflüge in verträumte Städtchen bringen Ihnen die irische Kultur nahe – erleben Sie traditionelle Livemusik in den unzähligen Pubs.

Wasserstraße: Shannon

Strecke: Lanesborough–Carrick-on-Shannon

Dauer: 1 Woche

Länge: 50 km

Anzahl der Schleusen: 3

Größter Tiefgang: 1,35 m

Größte Höhe: 4,50 m

Lanesborough

Bis Tarmonbarry: 11,5 km, 1 Schleuse

Lanesborough hat als bekanntes Angelzentrum am Lough Ree gleich mehrere Anleger und Liegeplätze. Sie konzentrieren sich alle um die Brücke herum, an der auch Wasseranschlüsse vorhanden sind. Treibstoff wird auf Anfrage von einer nahen Tankstelle geliefert. In der Stadt selbst finden Sie gute Einkaufsmöglichkeiten, sogar ein Supermarkt mit Alkohollizenz ist vorhanden.

Am nördlichen Ende des Lough Ree gelegen, hatte Lanesborough schon immer eine strategische Position inne. Reste der mittelalterlichen Befestigungsanlagen sind noch heute zu besichtigen. Noch älter sind die Grundmauern der Kirche St. John's (18./19. Jahrhundert), die auf den Überresten einer Kapelle aus dem 5. Jahrhundert erbaut wurde.

Bei der Ausfahrt aus Lanesborough werden Ihnen sicherlich zahlreiche Wasservögel begegnen – man behauptet von den Enten in Lanesborough, dass sie schneller schwimmen könnten als ihre Artgenossen anderswo. Das liegt allerdings lediglich an der schnellen Strömung des Shannon, sieht aber dennoch sehr spaßig aus.

Gleich nach einer großen Fluss-Schleife taucht vor Ihnen die Schleuse von Tarmonbarry auf. Sie liegt direkt neben einem mächtigen Wehr – achten Sie darauf, dass Sie nicht zu dicht an die schnelle Strömung in diesem Bereich geraten.

Tarmonbarry

Bis Roosky; 13,5 km, 1 Schleuse

Tarmonbarry ist ein recht kleiner Ort, dessen wenige Häuser sich um den Schiffsanleger am Shannon scharen. Auf den ersten Blick scheint Tarmonbarry fast ausschließlich aus Pubs und kleinen Restaurants zu bestehen – und der zweite Blick bestätigt diesen Eindruck. Nehmen Sie die Gelegenheit wahr und verbringen Sie hier eine ruhige Nacht, in der Sie die eben im Pub gehörten Geschichten von irischen Helden, Feen und Druiden im Traum noch ein wenig weiterspinnen.

Wenn Sie ein nicht zu großes Boot fahren, können Sie einen kleinen Umweg über den Camlin River machen. Die Einfahrt liegt am Ostufer des Shannon, ein kleines Stück unterhalb von Schleuse und Wehr.

Lauschige Wälder lassen Sie von Kelten und Druiden träumen.

Kurz nach der Einfahrt müssen Sie eine uralte, aber dennoch funktionstüchtige Schleuse passieren. Den Schleusenwärter, der die Holzschieber noch von Hand betätigt, finden Sie nach einem kurzen Fußmarsch von rund zehn Minuten in Richmond Harbour.

Richmond Harbour stellt die Grenze zum Royal Canal dar, der nach Dublin führt. Der Kanal hat zwar längst seine ursprüngliche Bedeutung verloren, aber dennoch ist der einstige Glanz einer blühenden Hafenstadt in Richmond noch auf Schritt und Tritt spürbar. Sie können im Hafen unterhalb der sehenswerten Häuser aus dem 19. Jahrhundert festmachen oder gleich bei der Schleuse. Von hier aus ist es nur ein kurzer Fußweg bis Cloondara, einem kleinen, verträumten Städtchen, das im Sommer zahlreiche Touristen und Einheimische zum Irischen Musik- und Tanzfestival anlockt. Sehenswert ist vor allem die Kirchenruine aus dem 13. Jahrhundert und der zugehörige Friedhof mit zahlreichen historischen Grabsteinen. Bis ins 19. Jahrhundert hinein besaß Cloondara eine eigene Whiskey-Brennerei, die »Richmond Mill«,

deren imposantes Gebäude noch erhalten ist.
Die fünf Kilometer zurück zum Shannon führen Sie durch eine liebliche Landschaft und durch idyllische Seerosenteiche. Der Camlin River mündet gleich unterhalb des Lough Forbes wieder in den Shannon, des ersten der kleineren Seen, die Sie auf Ihrem Weg Richtung Norden passieren. Der See und die umgebenden Feuchtbiotope sind wichtige Überwinterungsplätze für Vögel aus dem hohen Norden.
Für Boote mit sehr hohen Aufbauten muss die Autobrücke etwas oberhalb der Schleuse von Roosky geöffnet werden. Da dies auch die Aufgabe des Schleusenwärters ist, kann es hier eventuell zu kurzen Wartezeiten kommen.

Roosky

Bis Drumsna: 11,5 km
Roosky hat zahlreiche Anleger am Ostufer. Versorgung mit Wasser und Treibstoff finden Sie gleich bei der Brücke. Kleine, malerische Geschäfte laden zur ausgiebigen Shopping-Tour ein.
Das pittoreske, »typisch irische« Örtchen Roosky verleitet nicht nur Angler zu einem längeren Aufenthalt: Roosky gilt als ein Zentrum traditioneller irischer Musik. In den zahlreichen Pubs des Ortes werden allabendlich schon fast vergessene Lieder wieder zum Leben erweckt.
Kurz nach Roosky erweitert sich der Shannon erneut zu einem kleinen See, dem Lough Bofin, an dessen Ufer das kleine Städtchen Dromod liegt. Vom Anleger sind es nur wenige Minuten Fußweg ins Zentrum, wo Sie gute Einkaufsmöglichkeiten vorfinden. Ein wenig weiter entfernt liegt ein »Muss« für Eisenbahnfreunde: Die Cavan-Leitrim-Schmalspurbahn. Alte Lokomotiven, Waggons und Gebäude sind liebevoll restauriert worden und warten auf Ihre Besichtigung.
Durch eine kurze Enge getrennt, schließt sich im Norden der Lough Boderg an. Von hier aus können Sie auf direktem Wege Richtung Norden weiter dem Shannon folgen oder einen Ausflug nach Westen in den Seenverband von Lough Carnadoe, Lough Grange und Kilglass Lough machen. Viele kleine Inselchen sprenkeln die Seen, die von dichten Schilfufern eingerahmt sind. Ein Paradies für Naturliebhaber und Angler tut sich auf, jedoch ist das Befahren dieser Seen nicht immer ganz ein

fach: Teilweise sind sie sehr seicht, halten Sie sich also genauestens an die vorgeschriebenen Fahrrinnen! Verschiedene Anleger, allerdings ohne Infrastruktur, geben Ihnen durchaus die Möglichkeit, hier auch die eine oder andere Nacht zu verbringen.
Zurück auf dem Shannon, fahren Sie etwa einen Kilometer wieder in einem »normalen« Fluss, der in den kleinen Lough Tap mündet. Kurz hinter diesem See kürzt der Jamestown Canal eine Schleife des Shannon ab, die nicht schiffbar ist.

Drumsna

Bis Carrick-on-Shannon: 12,3 km, 1 Schleuse
Am Ende der schiffbaren Strecke liegt Drumsna, ein kleiner Ort, in dem neben einer aus dem 19. Jahrhundert stammenden Kirche die Ruinen einer Kapelle aus dem 8. Jahrhundert zu besichtigen sind. Wen die Abenteuerlust packt, der kann mit dem Dingi von hier aus die stillgelegte Shannon-Schleife erkunden.
Übrigens war im 19. Jahrhundert der berühmte Romanautor Anthony Trollope als Posthalter in Drumsna angestellt.
Durch die Schleuse »Albert-Lock« aus dem Jahr 1846 verlassen Sie den Jamestown Canal und befinden sich wieder auf dem Shannon. Jamestown, die Stadt, die dem Kanal seinen Namen gab, wurde im 17. Jahrhundert gegründet und war – wie viele Orte am Fluss – eine Festungsstadt. Leider ist von der Befestigungsanlage nur noch ein Stadttor erhalten geblieben.

Carrick-on-Shannon

Auf dem Gelände des ehemaligen Gefängnisses wurde der neue Hafen von Carrick-on-Shannon erbaut. Legen Sie an der Stelle an, wo in alten Zeiten Gesetzesbrecher aufgeknüpft wurden, und erkunden Sie die Stadt, die vorzügliche Einkaufsmöglichkeiten und eine Vielzahl von Pubs und Restaurants zu bieten hat.
Als größte Stadt des County Leitrim ist Carrick-on-Shannon ein Zentrum des Wassertourismus am oberen Shannon. Carrick-on-Shannon wurde 1530 erstmals urkundlich erwähnt und rühmt sich, die zweitkleinste Kapelle der Welt und damit die kleinste Irlands zu besitzen: Die »Costello Chapel« im Zentrum der Stadt. Sie wurde vom Kaufmann

Gemütliches Schleusen durch die »Albert-Lock« bei Jamestown.

Costello im 19. Jahrhundert als Grabstätte für seine Frau errichtet.

Das »St. Patrick's Hospital« erinnert an die große Hungersnot der Jahre 1846–1848, die unzählige Todesopfer forderte und viele Iren zur Auswanderung nach Amerika bewog.

Im 17. Jahrhundert nannte Carrick ein Schloss sein eigen. Hiervon ist allerdings nur noch ein kleines Nebengebäude als Ruine erhalten, das Sie inmitten des Stadtzentrums finden. Nicht weit hiervon entfernt befinden sich die »Town Hall« aus dem Jahre 1850 und das Geburtshau der irischen Dichterin Susa Langstaff Mitchell. Die Häuse rund um den alten Marktplat tragen noch heute die Name der Händler, die hier vor Jahr hunderten ihre Produkte feilbo ten.

Beschließen Sie Ihre erlebnisrei che Reise in einem der viele Pubs von Carrick-on-Shannon - oder verlängern Sie Ihren Irland Aufenthalt um einige Tage un verbringen Sie diese an den 4 Seen rund um Carrick, die kei neswegs nur ein wahres Angler Eldorado sind.

Adressen

Touristische Informationen:

Irische Fremdenverkehrs-
zentrale
Untermainanlage 7
60329 Frankfurt
Tel.: 069-9231850
Fax: 069-92318588
E-Mail: info@irishtourist-
board.de

Website: www.irland-urlaub.de

Midlands East (Co. Longford):
Tourism Office
Dublin Road
Mullingar
Tel.: 00353-44-48650
Fax: 00353-44-40413
E-Mail:
midlandseasttourism@tinet.ie
Website: www.midlandseastire-land.travel.ie

Irland West (Co. Roscommon):
Tourism Office
Aras Fáilte
Eyre Square
Galway
Tel.: 00353-91-563081
E-Mail: user@wester-tourism.ie
Website: www.westireland.tra-vel.ie

Irland Nordwest (Co. Leitrim):
Tourism Office
Arras Reddan
Temple Street
Sligo
Tel.: 00353-71-61201
Fax: 00353-71-61201
E-Mail:
irelandnorthwest@tinet.ie
Website: www.northwestire-land.travel.ie

Shannon:
Development, Tourism
Devision
Shannon Town Center
Shannon
Tel.: 00353-61-361555
Fax: 00353-61-363180
E-Mail: info@shannon-dev.ie
Website: www.shannon-dev.ie

Lanesborough Tourist &
Information Office
Main Street
Lanesborough
Co. Longford
Tel.: 00353-43-27070
Fax: 00353-43-27042
E-Mail: loughree@esatclear.ie
Website: www.lough-ree.com

Tourist Office
Carrick-on-Shannon
Co. Leitrim
Tel.: 00353-78-20170
Fax: 00353-78-20089

Tourist Office
Harrison Hall
Roscommon
Co. Roscommnon
Tel.: 00353-903-26342

Sehenswürdigkeiten:

The Cavan and Leitrim Railway
Dromod
Co. Leitrim
Tel.: 00353-78-38599
Fax: 00353-78-38599
E-Mail: dromod@eircom.net
Website: http://homepage.eircom.net/~yarpie/clr/

Häfen:

Lanesborough (Wasser, Treibstoff, Sanitäranlagen)

Tarmonbarry

Richmond Harbour (Wasser, Treibstoff)

Roosky (Wasser, Treibstoff, Toiletten)

Dromod (keine Infrastruktur)

verschiedene Anleger in den Seen

Drumsna (Wasser)

Jamestown (Wasser)

Carrick-on-Shannon (Wasser, Treibstoff, Sanitäreinrichtungen)

Restaurants:

Samantha's
Main Street
Lanesborough
Tel.: 00353-43-21558

Shannonside House
Tarmonbarry
Tel.: 00353-43-26052
Fax: 00353-43-26332
(Traditionelle irische Küche.)

Shannon Key West
The River Edge
Roosky
Tel.: 00353-78-38800
Fax: 00353-78-38811
(Traditionelle irische und internationale Küche.)

The Landmark – Hotel-Restaurant
Drumsna
Tel.: 00353-78-22222
Fax: 00353-78-22233
E-Mail: landmarkhotel@eircom.net

Canal View Restaurant
Keshcarrigan
Carrick-on-Shannon

Cryan's
Bridge Street
Carrick-on-Shannon
Fisch und Meeresfrüchte

IRLAND: SHANNON-ERNE-WATERWAY

Bootsvergnügen auf dem River Shannon.

ZWISCHEN DEN WASSERN

Die Iron Mountains im Norden des County Cavan werden eingefasst von den Seen Lough Allen im Westen und dem Upper und Lower Lough Erne im Osten. Zu Füssen der Berge schlängelt sich der Shannon-Erne-Waterway durch friedliche Heidelandschaften und Wälder. Hier scheint die Zeit stehen geblieben zu sein: Unberührte Natur wird nur selten unterbrochen von malerischen kleinen Dörfern. An den Ufern der großen Erne-Seen wird der Reisende vor die Qual der Wahl gestellt: Ruhe und Abgeschiedenheit inmitten einer verwirrenden Vielzahl von Inseln und Inselchen oder Geschichte und Kultur zum Anfassen in quirligen Städten? – Bringen Sie einfach genügend Zeit mit und erfreuen Sie sich an beidem!

Tour-Daten

Charakter: Ganz ohne Grenzkontrollen vollzieht der Shannon-Erne-Waterway den Übergang von der Republik nach Nordirland. Wählen Sie zwischen der Ruhe und Abgeschiedenheit inmitten der zahllosen Inselchen des Lough Erne oder tauchen Sie ein in die quirligen Städte Enniskillen oder Belleek.

Wasserstraßen: Shannon-Erne-Waterway, Upper Lough Erne, Lower Lough Erne

Strecke: Carrick-on-Shannon–Belturbet (plus Erkundung des Seengebietes)

Dauer: 2 Wochen

Länge: 79 km auf dem Shannon-Erne-Waterway (plus Fahrten auf den beiden Seen)

Anzahl der Schleusen: 17 (eine Schleuse zwischen den Seen)

Größter Tiefgang: 1,20 m

Größte Höhe: 3,20 m

Der Shannon-Erne-Waterway verbindet die Seen Lough Allen im Westen mit den Erne-Seen im Osten der Iron Mountains. Erbaut wurde diese fehlende Verbindung zwischen den nordwestlichen und den südöstlichen Kanalsystemen Irlands Mitte des 19. Jahrhunderts. Jedoch war der Zeitpunkt für den Bau des Ballinamore-Ballyconnell-Kanals, wie der ursprüngliche Name war, denkbar ungünstig gewählt: Er fiel mitten in die große Hungersnot von 1846–1848. Der vorgesehene Zeitplan und das Budget wurden schnell überschritten, die Arbeiten schlampig ausgeführt, und so geriet das ehrgeizige Projekt zu einer der größten Pleiten Irlands. Bereits im Jahr 1869 wurde der Kanal wieder geschlossen, nachdem ihn in neun Jahren gerade einmal acht Schiffe passiert hatten. Anfang der 1990er Jahre jedoch wurde seine Bedeutung für den Tourismus entdeckt und eine umfassende Renovierung des Kanals nahm ihren Lauf. Die Hälfte der 16 Schleusen war verfallen und die Uferböschungen waren eingestürzt. Durch die gelungene Zusammenarbeit von irischen und britischen Behörden konnte der Shannon-Erne-Waterway bereits im Jahr 1994 wieder eröffnet werden. Moderne Anlegestellen wurden geschaffen, deren Einrichtungen mit einer Chipkarte benutzt werden können. Mit der gleichen Chipkarte werden übrigens auch die Schleusen bedient.

Um die empfindliche Uferböschung zu schützen, wird hier streng auf die Einhaltung der Geschwindigkeitsbegrenzung von 5 km/h geachtet. Wenn Sie den Shannon-Erne-Waterway lediglich als Verbindung zu den Erne-Seen nutzen, können Sie die Strecke von Carrick-on-Shannon bis Belturbet in etwa 20 Stunden zurücklegen (sofern Sie nicht durch Wartezeiten an den Schleusen aufgehalten werden). Erholungssuchende jedoch werden sich gern gemächlicher über das idyllische Gewässer treiben lassen.

Während Sie auf dem Landweg durch Straßenkontrollen und Absperrungen ständig an den inner-irischen Konflikt erinnert werden, passieren Sie auf dem Kanal völlig unbemerkt die Grenze zwischen der Republik und Nordirland.

Der Upper und der Lower Lough Erne gelten als eines der schönste Reviere ganz Irlands. Mit einer Gesamtfläche von rund 800 Quadratkilometern sind die beiden Seen sogar größer als ganz Hamburg! Bei einem Blick auf die Karte werden Sie feststellen, dass lediglich der Lower Lough Erne Ihrer Vorstellung von einem See entspricht – der Upper Lough Erne jedoch ist ein Gewirr von kleinen und größeren Gewässern, teilweise verbunden, teilweise isoliert, durchsetzt mit einer Unzahl von Inselchen. Diese Inseln, drumlins genannt, sind Überbleibsel aus der letzten Eiszeit, und auf beiden Seen wurden über 165 von ihnen gezählt. Aber keine Angst bei der Navigation: Die Fahrrinnen sind hervorragend gekennzeichnet, so dass ein Verirren nahezu unmöglich wird.

Die Schleuse zwischen den Seen ist normalerweise ständig geöffnet; nur bei äußerst niedrigem Wasserstand wird sie geschlossen, um die Schifffahrt im Upper Lough Erne nicht zu gefährden. Zahllose Anlegemöglichkeiten säumen die Seeufer. Im folgenden Text haben wir jedoch aus

Platzgründen nur diejenigen beschrieben, die zu touristisch interessanten Orten führen.

Carrick-on-Shannon

Bis Leitrim: 7,4 km
Beginnen Sie Ihre Reise im Hafen von Carrick-on-Shannon, der Ihnen noch als Endpunkt der vorherigen Tour bekannt ist. Nach einem Bummel durch die malerische Altstadt und dem Auffüllen Ihrer Vorräte legen Sie die ersten Kilometer noch auf dem Shannon zurück, bevor Sie bei Leitrim in den Shannon-Erne-Waterway einfahren.

Leitrim

Bis Keshcarrigan: 11,1 km,
5 Schleusen (»Killarcan«, »Tirmactiernan«, »Drumdruff«, »Newbrook«, »Lisconor«, »Kilclare«)
Dass Leitrim in alten Tagen eine bedeutende Stadt war, ist heute nur noch dadurch zu ersehen, dass sie dem County seinen Namen gab. Heute sind in dem verschlafenen Dörfchen lediglich noch die Reste einer Schlossruine zu sehen. Dennoch hat Leitrim gute Einkaufsmöglichkeiten, und der Anleger verfügt über Wasseranschlüsse und Sanitäranlagen.
Nach der Schleuse »Kilclare« erweitert sich der Kanal zum Lough Scur, in dessen Umgebung zahlreiche prähistorische Funde gemacht wurden. Sie sind heute im Nationalmuseum in Dublin zu bewundern.

Keshcarrigan

Bis Ballinamore: 11,2 km,
2 Schleusen (»Castlefore«, »Ballyduff«)
Am Fuße des kleinen Berges Sheebeg liegt Keshcarrigan, in dessen verwinkelten Gassen Sie Ihren Bordproviant auffüllen können. Der Anleger, nur wenige Fußminuten vom Ort entfernt, ist mit Wasseranschlüssen und gut gepflegten Sanitäreinrichtungen ausgestattet.
Wenn Ihnen nach ein wenig festem Boden unter den Füßen zumute ist, können Sie den Spuren des irischen Volkshelden Finn McCool folgen: Der »O'Carolan Walk Way« ist ein Rundweg von etwa fünf Kilometern Länge und führt Sie über den Berg Sheebeg, wo auch McCool begraben sein soll. Ein weiterer berühmter Sohn der Gegend war der letzte irische Barde, der blinde Turlough O'Carolan, nach dem der

Angelfreuden im fischreichen Shannon-Erne-Waterway.

Wanderweg benannt wurde. Er lebte hier von 1670 bis 1738.

Nach der Passage einiger kleinerer Seen, die ein idealer Lebensraum für Fischotter sind, fahren Sie kurz vor Ballinamore wieder in kanalisierte Gewässer ein.

Ballinamore

Bis Ballyconnell: 23,6 km, 5 Schleusen (»Ballinamore«, »Ardrum«, »Riversdale Barge«, »Aghoo«, »Skelan«)

Eine Haltemöglichkeit mit allen Serviceeinrichtungen finden Sie kurz vor der Schleuse »Ballinamore«. Weitere Liegeplätze befinden sich kurz vor und hinter der Schleuse.

Bereits im 4. Jahrhundert gegründet, gelangte Ballinamore durch den Abbau und die Verarbeitung des hier reichhaltig vorkommenden Eisenerzes zu

Wohlstand. Die bereits in Tour 2 als Besonderheit erwähnte »Cavan and Leitrim Railway« - Schmalspurbahn sorgte für den Transport.
Eine kulinarische Spezialität der Stadt ist »Boxty«, ein Kartoffelbrot, dessen Geschmack allerdings recht gewöhnungsbedürftig ist.
Nur zirka vier Kilometer entfernt liegt das Örtchen Fenagh, in dessen Zentrum Sie einen riesigen Megalithen bewundern können. In der Nachbarschaft von heilenden Schwefelquellen wurde hier im 14. Jahrhundert eine Abtei erbaut, die unter St. Kilian zu europäischer Bedeutung gelangte. Leider sind von diesem Bauwerk nur noch Ruinen erhalten.
Auf Ihrem Weg nach Ballyconnell durchfahren Sie den See Lough Garadice – ein Paradies für Ornithologen und vor allem auch für Angler. Der See ist als außergewöhnlich gutes Hechtrevier bekannt.

Ballyconnell

Bis Belturbet: 25,7 km,
2 Schleusen (»Ballyconnell«, »Corraquill«)
Als Angelzentrum ist auch Ballyconnell bekannt. So verfügt das sympathische kleine Städtchen über einen Anleger mit bester Infrastruktur und zahlreiche Einkaufsmöglichkeiten.
Besonders sehenswert sind in Ballyconnell die Kirche aus dem 17. Jahrhundert im Ortszentrum und – ein wenig außerhalb vor den Toren der Stadt gelegen – die Überreste eines keltischen Hügelgrabes.
Kurz nach der Stadt vereinigt sich der Kanal mit dem Woodford River, den Sie nun bis zum Lough Erne befahren.
Kurz vor der Schleuse »Corryquill« beginnt die Grenze zwischen Nordirland und der Republik Irland. Auch wenn Sie nichts davon merken: Sie verläuft über eine weite Strecke in der Mitte des Shannon-Erne-Waterway.

Belturbet

Bis Enniskillen: 46,6 km
Auf einem kleinen Hügel oberhalb des Flusses liegt das Städtchen Belturbet. Auf der Insel Turbet mitten im Fluss wurde im 12. Jahrhundert eine Festung erbaut, die diesen Wasserweg kontrollierte. In jüngerer Zeit wurde die Insel zum Landschaftsschutzgebiet deklariert, in dem zahlreiche Pflanzen und

Tiere eine neue Heimat fanden. Im Stadtzentrum selbst warten über 100 Kirchen und Kapellen auf Ihren Besuch.
Belturbet besitzt eine eigene Marina mit bester Infrastruktur.
Kurz nach der Einfahrt in den Upper Lough Erne erreichen Sie Crom Estate, eines der bedeutendsten Naturschutzgebiete Nordirlands. 800 Hektar uralten Eichenwaldes umgeben das Schloss der Grafen von Erne aus dem 17. bis 19. Jahrhundert (das leider nicht besichtigt werden kann).
In einem alten Bauernhaus unterhält das Besucherzentrum eine Ausstellung zum Park und zur Heimatgeschichte. Von Juli bis August werden regelmäßig nächtliche Fledermausführungen angeboten.
Knapp vier Kilometer weiter können Sie am Anleger von Lisnaskea festmachen und das Schloss Balfour aus dem 17. Jahrhundert besichtigen. Erbaut wurde es von dem schottischen Plantagenbesitzer James Balfour. Lisnaskea bietet auch eine gute Möglichkeit, Ihre Vorräte aufzufüllen.
Die Anleger von Knockninny, Carrybridge und Bellanaleck bieten sehr gute Infrastruktur und besten Service; auch Treibstoff ist hier verfügbar.

Enniskillen

Bis Belleek: 39 km,
1 Schleuse (»Portara«)

Die größte Stadt der Seen ist Enniskillen, auf einer Insel im River Erne gelegen. Rund um die Insel finden Sie verschiedenste Anlegestellen und Liegeplätze mit sehr guter Infrastruktur (Wasser, Treibstoff, Sanitäreinrichtungen). In der Hauptstadt des County Fermanagh sollten Sie mindestens einen Tag einplanen, um alle Sehenswürdigkeiten gebührend bewundern zu können.
Einer der Gründerväter von Enniskillen, Sir William Cole, überragt in Stein gehauen auf seinem Sockel die Stadt. Im Sommer können Sie die 108 Stufen erklimmen und haben von hier aus einen atemberaubenden Blick über das Seengebiet. Im Zentrum von Enniskillen liegt das Kunst- und Design-Center »Buttermarket«. Die Gebäude stammen aus dem 19. Jahrhundert, und noch heute wird hier irisches Kunsthandwerk nach traditionellen Methoden hergestellt. Nicht weit entfernt finden Sie das »Sheelin Irish Lace Museum«, das sich auf das Handwerk des Spitzenklöppelns spezialisiert hat. Die Ausstellungsstücke datieren aus

Einfahrt in den Lower Lough Erne bei Abenddämmerung.

den Jahren 1850 bis 1900. Verschiedene Schlösser, Schlösschen und Herrenhäuser umgeben die Stadt. Besuchen Sie auf jeden Fall das »Enniskillen Castle« aus dem 15. Jahrhundert, in dem das Museum »Royal Inniskilling Fusiliers« untergebracht ist, das die Geschichte eines Regiments zeigt, das unter anderem auch schon bei Waterloo kämpfte.

Durch die Schleuse »Portara« verlassen Sie über den River Erne den Upper Lough Erne und fahren in den Lower Lough Erne ein. Gleich nach der Schleuse umfahren Sie eine der wichtigsten Klosterinseln Irlands: Devenish Island. Das Kloster wurde im 6. Jahrhundert gegründet, und die aus dem 13. Jahrhundert stammende Kirche wurde auf dem Grab des heiligen Molaise gebaut.

Gleich beim nächsten Anleger (Treibstoff, Wasser) in Killadeas ist ein weiteres sakrales Monument zu besichtigen: Auf dem alten Friedhof befinden sich Steinskulpturen, die mehr als 1000 Jahre alt sind.

Wie auch bei den Shannonseen ist am Lower Lough Erne Vorsicht bei schlechtem Wetter geboten: Bei stärkeren Winden kann das Wasser sehr rau werden!

Bei Erincurrach auf der Westseite des Sees finden Sie die nächste Möglichkeit, Ihren Treibstoff aufzufüllen. Gleich hinter der Landzunge, mit einem eigenen Anleger versehen, können Sie die Burg »Tully Castle« besuchen, die Anfang des 17. Jahrhunderts erbaut wurde.

Überqueren Sie erneut den See und machen Sie Halt in der Marina von Castle Archdale. Von der Burg selbst sind zwar nur noch Reste von Ruinen erhalten, doch der weitläufige »Castle Archdale Country Park« mit seinen exotischen Gewächsen ist sicherlich einen längeren Spaziergang wert.

Wiederum von einer Landzunge geschützt, liegt der Anleger von Muckross ein wenig weiter nördlich (Treibstoff, Wasser). Von hier aus ist es nur ein kurzer Fußweg bis zum pittoresken Dörfchen Kesh, das sich in den letzten Jahren zu einem respektablen Anglerzentrum gemausert hat.

Wenn Sie über ein Dingi verfügen, machen Sie einen Ausflug zur Insel Boa inmitten einer unberührten Wasserlandschaft. Auf Boa lebten noch lange Zeit nach der Christianisierung Irlands zahlreiche Druiden.

Die letzten Kilometer Ihrer Fahrt verlaufen nun wieder auf dem zum »richtigen« Fluss gewordenen River Erne und Sie erreichen das Ende der Schiffbarkeit in der Grenzstadt Belleek. Hier verlässt der Erne Nordirland und nimmt seinen Weg durch die Republik zum Atlantik.

Belleek

Machen Sie im Hafen von Belleek fest, der dem Skipper alles bietet, was sein Herz begehrt: Treibstoff, Wasser, Sanitäreinrichtungen, eigene Einkaufsmöglichkeiten etc.

Belleek ist vor allem wegen seiner Töpferei berühmt geworden, die hier seit dem 19. Jahrhundert ansässig ist. Lernen Sie bei einer Führung durch die Manufaktur die alten Techniken kennen, nach denen noch heute die Keramiken hergestellt werden. Auch die einzige Glasschleiferei des County Fermanagh hat in Belleek ihren Sitz. Besuchen Sie die Werkstätten von »Belleek Crystal« und lassen Sie sich eine Schale mit Ihrem Familienwappen anfertigen.

Ein guter Abschluss Ihrer Reise ist ein Besuch in der Ausstellung »ExporErne«, die die Geschichte und Geografie des Flusses zeigt.

dressen

ouristische Informationen:

ische Fremdenverkehrs-
entrale
ntermainanlage 7
60329 Frankfurt
Tel.: 069-9231850
Fax: 069-92318588
E-Mail: info@irishtouristboard.de
Website: www.irland-urlaub.de

Irland Nordwest (Co. Leitrim):
Tourism Office
Arras Reddan
Temple Street
Sligo
Tel.: 00353-71-61201
Fax: 00353-71-61201
E-Mail:
irelandnorthwest@tinet.ie
Website: www.northwestireland.travel.ie

Northern Ireland Tourist Board
59 North Street
Belfast
BT1 1NB
Tel: 0044-28-90231221
Fax 0044-28-90240960
E-Mail:
VisitorServices@nitb.com
Website: www.discovernorthernireland.com

Tourist Office
Carrick-on-Shannon
Co. Leitrim
Tel.: 00353-78-20170
Fax: 00353-78-20089

Tourist Office
High Street
Ballinamore
Co. Leitrim
Tel.: 00353-78-44091

Shannon-Erne-Waterway
Information
Ballinamore
Co. Leitrim
Tel.: 00353-78-44855

Tourist Office
Belturbet Station
Railway Road
Belturbet
Co. Cavan
Tel.: 00353-49-9522074
Fax: 00353-49-9522581

Tourist Information
Bord Failte
Bridge Street
Belturbet
Co. Cavan

Tourist Information County
Fermanagh
Wellington Road
Enniskillen
Co. Fermanagh BT74 7EF
Tel.: 0044-28-66323110
Fax: 0044-28-66325511
E-Mail: tic@fermanagh.gov.uk
Website: www.fermanagh-online.com

Crom Estate
Newtonbutler
Co. Fermanagh
Tel.: 0044-28-67738174
Fax: 0044-28-67738174
E-Mail: ucromw@
smtp.ntrust.org.uk

Sehenswürdigkeiten:

Sheelin Irish Lace Museum
Bellaneleck
Enniskillen
Co. Fermanagh BT92 2BA
Tel.: 0044-28-66348052
Fax: 0044-28-66348200

Tully Castle
Derrygonnelly
Enniskillen
Co. Fermanagh
Tel.: 0044-28-90235000

Belleek Pottery Visitor Centre
Belleek
Co. Fermanagh BT93 3FY
Tel.: 0044-28-68658501
Fax: 0044-28-68659300
Website: www.belleek.ie
E-Mail: visitorcentre@
belleek.ie

Belleek Crystal
Main Street
Belleek
Co. Fermanagh BT93 3FX
Tel.: 0044-28-68658631
Fax: 0044-28-68658631

Häfen:

Carrick-on-Shannon (Wasser, Treibstoff, Sanitäreinrichtungen)

Leitrim (Wasser, Sanitäreinrichtungen)

Keshcarrigan (Wasser, Sanitäreinrichtungen)

Ballinamore (Wasser, Sanitäreinrichtungen)

Ballyconnell (Wasser, Sanitäreinrichtungen)

Belturbet (Wasser, Sanitäreinrichtungen)

Belturbet Riversdale Marina, Tel. 00353-49-95522268

Crom Estate (Wasser, Toiletten)

Knockninny (Wasser, Treibstoff, Sanitäreinrichtungen)

Carrybridge (Wasser, Treibstoff, Sanitäreinrichtungen)

Bellanaleck (Wasser, Treibstoff, Sanitäreinrichtungen)

Enniskillen (Wasser, Treibstoff, Sanitäreinrichtungen)

Killadeas (Wasser, Treibstoff)

Tully Castle (Wasser, Treibstoff)

Kesh (Wasser, Treibstoff, Sanitäreinrichtungen)

Muckross (Wasser, Treibstoff, Sanitäreinrichtungen)

Castle Archdale (Wasser, Treibstoff, Sanitäreinrichtungen)

Belleek (Wasser, Treibstoff, Sanitäreinrichtungen)

Restaurants:

Canal View Restaurant
Keshcarrigan
Carrick-on-Shannon

Cryan's
Bridge Street
Carrick-on-Shannon
(Fisch und Meeresfrüchte.)

The Landmark – Hotel-Restaurant
Leitrim
Tel.: 00353-78-22222
Fax: 000353-78-22233
E-Mail: landmarkhotel@eircom.net
Website: www.thelandmarkhotel.com

Conall Cearnach – Hotel-Restaurant
Ballyconnell
Co. Cavan
Te.: 00353-49-9526444
Fax: 00353-49-9226474
E-Mail: slieve-russell@quinnhotels.com
Website: www.quinnhotels.com

Brackley
Ballyconnell
Tel.: 00353-49-9526444
Fax: 00353-49-9226474

Donn Carragh Hotel – Hotel-Restaurant
95-97 Main Street
Lisnaskea
Co. Fermanagh BT92 0JD
Tel.: 0044-28-67721206
Fax: 0044-28-67721223
E-Mail:
clonncarraghhotel@btclick.com

Killyhevlin Regatta – Hotel-Restaurant
Killyhevlin Hotel
Dublin Road
Enniskillen
Co. Fermanagh BT74 6RM
Tel.: 0044-28-66323481
Fax: 0044-28-66324726
E-Mail: info@killyhevlin.com
Website: www.killyhevlin.com
(Fisch und Meeresfrüchte.)

Oscars Restaurant
29 Belmore Street
Enniskillen
Co. Fermanagh BT74
Tel.: 0044-28-66327037
Fax: 0044-28-66327037
(Internationale Küche, Fisch und Meeresfrüchte.)

Crows Nest
12 Hight Street
Enniskillen
Co. Fermanagh BT74 7EH
Tel.: 0044-28-66325252

Rassahilly House
BT94 2FP Enniskillen
Tel.: 0044-28-66322352
Fax: 0044-28-66320277
E-Mail: info@rassahilly.com
Website: www.rassahilly.com

Manor House Country Hotel Restaurant
Killadeas
Co. Fermanagh
Tel.: 0044-28-68621561
(Lokale Fischspezialitäten.)

Lusty Beg Island Restaurant
Lusty Beg
Boa Island
Kesh
Co. Fermanagh
Tel.: 0044-28-68632032
(Fisch, insbesondere irischer Wildlachs.)

The Black Cat Cove
Main Street
Belleek
Co. Fermanagh
Tel.: 0044-28-68658942

Carlton – Hotel-Restaurant
Main Street
BT93 3FX Belleek
Tel.: 0044-28-68658282
Fax: 0044-28-68659005
E-Mail: reception@hotelcarlton.co.uk
Website: www.hotelcarlton.co.uk
(Frischer Fisch aus dem Donegal Saimer, Lamm von den Leitrim-Bergen, irisches Rind und exquisite Nachspeisen.)

SCOTLAND: CALEDONIAN CANAL

Nicht nur im blühenden Frühling eine Reise wert: Inverness,
die Hauptstadt der schottischen Highlands.

WHISKEY, DUDELSACK UND STARKE MÄNNER

Nicht nur die alljährlich stattfindenden »Highland Games« bestätigen immer wieder aufs Neue die liebgewonnenen Klischees von Schottland: Ein raues, faszinierendes Land mit seltsamen Sitten und verwunderlichen, sackartigen Musikinstrumenten, das bärenstarke Männer in karierten Röcken und ebenso starke alkoholische Getränke hervorbringt. »Ein ganz anderes Lebensgefühl« wirbt die schottische Zentrale für Tourismus: Dieses Fleckchen Erde, von der letzten Eiszeit geformt, in dessen zerklüfteten Highlands noch heute die jahrhundertealten Clans präsent sind, garantiert eine Frischzellenkur für die Seele des kontinentalen Urlaubers.

Im Jahre 1822 wurde der Kaledonische Kanal als durchgehende Verbindung zwischen Fort William an der westlichen Küste Schottlands und Inverness im Osten eröffnet. Ursprünglich war er ausschließlich als Transportweg für Eisen, Salz, Getreide und Fisch aus den Highland-Seen geplant, doch schuf er auch zahlreiche Arbeitsplätze und verhalf so einem bitterarmen und fast entvölkerten Landstrich zu Arbeitsplätzen und neuem Wohlstand. Die schnurgerade Lage der Seen Loch Lochy, Loch Oich und Loch Ness bot sich zudem geradezu an für eine Kanalverbindung.

Tour-Daten

Charakter: Durchqueren Sie die schottischen Highlands von Küste zu Küste. Schroffe Berge und liebliche Heidelandschaften sind noch heute fest in den Händen der Clan-Familien, vom legendären Bonnie Prince Charlie wird abends in den Pubs erzählt, und nicht zuletzt erwartet Sie auf der Hälfte der Strecke das Ungeheuer von Loch Ness...

Wasserstraße: Caledonian Canal

Strecke: Fort William–Inverness

Dauer: 1 Woche

Länge: 90 km

Anzahl der Schleusen: 27

Größter Tiefgang: 4,11 m

Größte Höhe: 35 m

Der Kaledonische Kanal wurde nach den Anforderungen der großen Frachtschiffe gebaut – Tiefgang und maximale Höhe sind somit für den Sportbootfahrer selbst in heißesten Sommern kein Problem. Auch auf den Seen der schottischen Highlands haben Sie diesbezüglich nichts zu befürchten: Sie sind zum Teil tiefer als die Nordsee.

Zwar hat der Frachtverkehr auf dem Kanal in den letzten Jahrzehnten stetig abgenommen, doch werden Sie während Ihrer Reise trotzdem vielleicht einmal auf den einen oder anderen Lastkahn treffen. Bitte beachten Sie, dass diese im Zweifelsfall stets Vorfahrt haben – auch bei der Benutzung der Schleusen. Gebaut für Berufsschiffer, hält der Kaledonische Kanal beste Infrastruktur für Sie bereit: Wasser, Tankstellen, Sanitär- und Entsorgungseinrichtungen sind in großer Anzahl vorhanden.

Der Kanal führt durch eine atemberaubend schöne Landschaft: Schroffe Berge, dichte Wälder und liebliche Heidelandschaften säumen die Ufer. Um die Umwelt in dieser Schönheit zu erhalten, beträgt die Höchstgeschwindigkeit auf der gesamten Länge 5 Knoten. Auch vom Schwimmen im Kanal wird abgeraten, hierzu haben Sie jedoch an den ausgewiesenen Badestellen der Seen ausreichend Gelegenheit.

Fort William

Bis Banavie: 6 km, 10 Schleusen (»Corpach Double Locks«, »Neptune's Staircase«)

Im Hafen von Corpach bei Fort William, gleich hinter der Seeschleuse zum Atlantik, beginnt Ihre Reise quer durch die schottischen Highlands. Aufgrund seiner exponierten Lage am Anfang des Kaledonischen Kanals ist Corpach seit seiner Erbauung einer der bestausgestatteten Häfen der gesamten Strecke.

Stimmen Sie sich im kleinen Örtchen Corpach ein auf die Wunder, die die hiesige Erdgeschichte hervorgebracht hat: Im Museum »Treasures of the Earth« sind zauberhafte Edelsteine und Kristalle ausgestellt, die in den Höhlen und Minen der Gegend gefunden wurden.

Fort William liegt zu Füßen eines beeindruckenden Bergpanoramas, das Sie für den Rest Ihrer Reise begleiten wird: Die Great Glens. Gleich am Anfang überragt Ben Nevis, der höchste Berg Englands (1344 m), seine kleineren Kollegen. Wussten Sie, dass in dieser überwältigenden Kulisse ein Großteil des Hollywood-Epos »Braveheart« gedreht wurde? Unternehmen Sie mit der nostalgischen Dampfeisenbahn »The Jacobite« einen Ausflug quer durch die Berge von Fort William nach Mallaig und zurück.

Nach dem Wahrzeichen der Gegend ist auch die »Ben Nevis Distillery« benannt, die Sie inmitten der malerischen Altstadt von Fort William besichtigen können. Fort Williams strategisch gute Lage wurde schon vor Hunderten von Jahren er-

In Corpach, zu Füßen des beeindruckenden Ben Nevis, beginnt Ihre Reise durch den Kaledonischen Kanal.

kannt – das »West Highland Museum« informiert in allen gängigen europäischen Sprachen über die facettenreiche Geschichte der Stadt und der sie umgebenden Highlands.

Banavie

Bis Gairlochy: 5 km, 2 Schleusen (»Gairlochy Locks«)
Eines der beeindruckendsten Bauwerke des Kanals begegnet

Ihnen bei dem verschlafenen Dörfchen Banavie: Die achtstufige Schleusentreppe »Neptun's Staircase«. Bevor in den 1960er Jahren der Mechanismus automatisiert wurde, musste jedes einzelne Tor mittels einer Handkurbel geöffnet und geschlossen werden – 120 Kurbelvorgänge waren nötig, um ein einziges Schiff durch die Schleuse zu befördern!

Machen Sie beim gut ausgestatteten Anleger von Banavie fest und erstehen Sie ein ganz besonderes Reisemitbringsel: Den »Caledonian Bear«, einen Teddybär aus original Harris Tweed.

Gairlochy

Bis Invergarry: 15 km,
3 Schleusen (»Laggan Locks«)

Kurz vor der Einfahrt in den ersten der Seen, Loch Lochy, haben Sie die Möglichkeit, am Anleger der Brücke festzumachen. Diese Brücke ist die letzte der ursprünglichen Zugbrücken, die noch heute von Hand betrieben wird.

Im benachbarten Örtchen Spean Bridge können Sie das »Commando Memorial« besichtigen – ein Zeugnis dafür, dass der Zweite Weltkrieg auch vor dieser abgelegenen Gegend nicht Halt machte. Im »Clan Cameron Museum« in Achnacarry sind weitere Erinnerungsstücke aus dieser Zeit ausgestellt. Doch in erster Linie erzählt das Museum vom Oberhaupt des Cameron Clans, Lochiel, der mit dem berühmten Bonnie Prince Charlie ins Exil ging.

Um ihn in den Verlauf des Kaledonischen Kanals einzufügen, vollbrachten die Ingenieure seinerzeit an Loch Lochy ein kleines Wunder: Der Wasserspiegel des Sees wurde um 3,7 m angehoben! Einen weiteren Hafen mit bester Infrastruktur finden Sie in Laggan, der sich auch gut für eine Übernachtung eignet.

Unternehmen Sie eine ausgedehnte Wanderung in die geschichtsträchtigen Wälder von Laggan: Im Jahre 1544 fochten hier verfeindete Clans die »Battle of the Shirts«, den »Hemdenkrieg«, der seinen Namen deshalb erhielt, weil die Männer aufgrund der sommerlichen Hitze ihre Rüstungen ablegten und halbnackt gegeneinander antraten. Gut 100 Jahre später, 1663, wurden die Ufer des Loch Oich erneut Zeuge einer blutigen Auseinandersetzung: Die zwei Söhne des eben verstorbenen Clansoberhauptes wurden von sieben Angehörigen eines gegnerischen Clans ermordet.

Die Rache ließ nicht lange auf sich warten: Die sieben Meuchelmörder wurden geköpft, ihre Körper in den Fluss geworfen und ihre Köpfe zur Schau gestellt. Seit jenem Tag ist diese Stelle als »The Well of the Seven Heads« bekannt.

Invergarry

Bis Fort Augustus: 9 km,
7 Schleusen (»Cullochy Lock«, »Kyhra Lock«, »Fort Augustus Locks«)
Am Nordufer des Loch Oich finden Sie verschiedenste Anlegestellen, jedoch ohne jeglichen Service. Allerdings haben Sie von hier aus den kürzesten Weg hinein nach Invergarry – nur knapp ein Kilometer –, wo beste Einkaufsmöglichkeiten und Restaurants auf Sie warten.
Auf Ihrem kurzen Weg durch die dichten, dunklen Wälder der Highlands queren Sie die »Dark Mile«, den Weg, auf dem Bonnie Prince Charlie nach der Schlacht von Culloden im Jahre 1746 seinen Verfolgern entkommen sein soll. Dieser verlorenen Schlacht fiel auch das Schloss »Invergarry Castle« zum Opfer: Es wurde in Schutt und Asche gelegt. Heute sind zwar nur noch Ruinen zu besichtigen, aber seien Sie sicher: Spätabends im Pub, nach einigen Gläsern Whiskey und Bier, werden Sie nach den Erzählungen der Einwohner den Drang verspüren, selbst zum Schwert zu greifen, um von den Burgzinnen die feindlichen Engländer in die Flucht zu schlagen!
Auf Ihrem Weg hinaus aus dem Loch Oich passieren Sie eine der historischen Attraktionen des Kanals: Die »Bridge of Oich«, die zwar heute nicht mehr in Betrieb, aber dennoch ein beliebtes Fotomotiv ist.

Fort Augustus

Bis Dochgarroch: 45 km,
1 Schleuse (»Dochgarroch Locks«)
Machen Sie im Hafen von Fort Augustus fest und erkunden Sie eine der hübschesten Städte Schottlands, bevor Sie ins Loch Ness einfahren.
Fort William wird durch gleich zwei Sehenswürdigkeiten eingerahmt: Im Süden begrenzt die fünfstufige Schleusentreppe »Fort Augustus Locks« die Stadt und im Norden zeigt der Leuchtturm die Einfahrt ins Loch Ness an. Die Altstadt von Fort Augustus wird überragt von der alten Abteikirche, aber für den Bootsfahrer von größtem Interesse

Vom Hafen in Drumnadrochit haben Sie einen sagenhaften Blick auf das »Urquhart Castle«.

wird das Museum »The Caledonian Canal Heritage Center« sein: Die Geschichte des Kanals von seiner Planung bis heute wird hier in liebevollen Details gezeigt, ebenso die erstaunlichen Bauwerke im und am Kanal. Informationen zur sensiblen Natur der Highlands und eine Clan-Ausstellung runden Ihren Besuch ab.

Sie erreichen nun den See Loch Ness – sagenumwobene, tiefschwarze Wasser werden Sie auf

einer Strecke von knapp 40 Kilometern begleiten. Loch Ness ist tiefer als die Nordsee, hält eine konstant niedrige Temperatur, aber selbst im klirrendsten Winter friert er nicht zu.
Ein guter Halteplatz im See ist der Anleger bei den Wasserfällen von Foyers am Südufer von Loch Ness. Im Jahre 1896 wurde mit den fallenden Wassern der erste Strom aus Wasserkraft erzeugt.
Die enorme Größe des Sees, die unheimliche Farbe seines Wassers und nicht zuletzt die dramatische Kulisse der ihn umgebenden Berge sorgen dafür, dass die Mutmaßungen und Legenden um Fabeltiere und unterseeische Geheimnisse niemals abreißen werden. Es wird erzählt, dass schon St. Columba im Jahr 565 das Ungeheuer von Loch Ness mit eigenen Augen gesehen haben soll. In der dem »Loch Ness Centre« angeschlossenen »Original Loch Ness Monster Exhibition« in Drumnadrochit können Sie sich über den aktuellen Stand der »ungeheuerlichen« Forschungen informieren, die seit 1961 wissenschaftlich und mit neuester Technik betrieben werden.
Für eine Übernachtung auf dem See empfiehlt sich der Hafen von Drumnadrochit, einige Kilometer weiter am Nordufer gelegen. Bevor Sie sich zur Ruhe begeben, besichtigen Sie noch das Schloss »Urquhart Castle«, das in den Kriegen im 13. Jahrhundert zwar zerstört, aber nunmehr liebevoll wieder restauriert wurde.

Dochgarroch

Bis Inverness: 10 km, 4 Schleusen (»Muirtown Flight«)
Ein Hafen mit sehr guter Infrastruktur lädt zum Halt im kleinen Örtchen Dochgarroch ein. Unternehmen Sie einen Spaziergang durch die atemberaubende Natur der schottischen Highlands – und treffen Sie unvermutet auf die idyllischen »Dochfour Gardens«: Sechs Hektar Terrassen, Wassergärten und ein Eibenwäldchen verzaubern den Besucher. Im Küchengarten können Sie im Sommer frische Früchte genießen.
Ein kurzer Halt im Hafen von Muirtown bietet sich vor der Bewältigung der letzten Schleusen vor Inverness an. Wandern Sie die wenigen Kilometer gen Norden zur Bucht »Beauly Firth«, die seit einigen Jahren als Landschaftsschutzgebiet ausgewiesen und zur Heimat einer großen Seehundkolonie geworden ist.

Inverness

Beenden Sie Ihre Reise in der Hauptstadt der Highlands, in Inverness. Das Stadtbild wird bestimmt vom »Inverness Castle«, das 1835 auf einer Anhöhe am River Ness erbaut wurde. Nicht weit vom Schloss entfernt liegt das »Inverness Museum and Art Gallery«, in dem Sie die Geschichte und Archäologie von Inverness und den Highlands erkunden können. In der gotischen »Saint Andrew's Cathedral« sind zahlreiche russische Ikonen zu bewundern, Geschenke des letzten Zaren.
Sie haben sich im Laufe Ihrer Reise von der bequemen Kleidung der Schotten, den Kilts, überzeugen lassen? Dann statten Sie den zahlreichen Kilt- und Tartan-Geschäften in Inverness einen Besuch ab und kleiden Sie sich neu ein. Die Bewunderung der Daheimgebliebenen ist Ihnen sicher! Derart neu gewandet sollten Sie im »Balnain House«, einer ständigen Ausstellung für schottische Musik und Instrumente, ausprobieren, wie leicht sich einem Dudelsack wohlklingende Töne entlocken lassen... Oder Sie studieren besser noch einmal das urwüchsige schottische Leben während der alljährlichen sommerlichen »Highland Games«, ein Spektakel, das Sie sich auf keinen Fall entgehen lassen sollten!

Adressen

Touristische Informationen:

Schottland-Infos
Urlaubsservice Großbritannien
Westendstr. 16-22
60325 Frankfurt
Tel.: 01801-468642
Fax: 069-97112444
E-Mail: gb-info@bta.org.uk
Website:
www.visitscotland.com

Fort William Tourist
Information Centre
Cameron Centre
Cameron Square
Fort William
PH33 6AJ
Tel.: 0044-1397-703781
Fax: 0044-1397-705184
E-Mail: fortwilliam@host.co.uk

Tourist Information Spean
Bridge
Spean Bridge
PH34 4EP
Tel.: 0044-1397-712576
Fax: 0044-1397-712675
E-Mail:
speanbridge@host.co.uk

Tourist Information Fort
Augustus
Car Park
Fort Augustus
PH32 4DD
Tel.: 0044-1320-366367
Fax: 0044-1320-366779
E-Mail: fortaug@host.co.ul

The Loch Ness Centre
Drumnadrochit
IV3 6TU
Tel.: 0044-1456-450573
Fax: 0044-1456-450770

Inverness Tourist Information
Centre
Castle Wynd
Inverness
IV2 3BJ
Tel.: 0044-1463-234353
Fax: 0044-1463-701609
E-Mail: inverness@host.co.uk

Inverness Highland Games
Committee
The Highland Council
Cultural & Leisure Services
(Inverness Area)
The Town House
Inverness
IV1 1JJ
E-Mail: gerry.reynolds@inver-
nesshighlandgames.com
Website: www.invernesshigh-
landgames.com

Sehenswürdigkeiten:

West Highland Museum
Cameron Square
Fort William
PH33 6AJ
Tel.: 0044-1397-702169
Fax: 0044-1397-702169

Ben Nevis Distillery Ltd.
Fort William
PH33 6TJ
Tel.: 0044-1397-702476
Fax: 0044-1397-702768

Treasures of the Earth
Mallaig Road
Corpach
Fort William
PH33 7JL

Tel.: 0044-1397-772283
Fax: 0044-1397-772133

The Caledonian Bears
Unit 2
Old Smiddy
Neptune's Staircase
Banavie
Tel.: 0044-1397-704957

Dampfeisenbahn »The Jacobite«:
Mallaig Tourist Information Center
Mallaig
PH41 4SQ
Tel.: 0044-1687-462170
Fax: 0044-1687-462064

Clan Cameron Museum
Achnacarry
Tel.: 0044-1397-712480

The Caledonian Canal Heritage Centre
Ionad Dualchais a' Chanail Albannaich, Ardchattan House
Canal Side
Fort Augustus
PH32 4BA
Tel.: 0044-1320-366493

Urquhart Castle
Tel.: 0044-1456-450551

The Original Loch Ness Monster Exhibition
Loch Ness Lodge Hotel
Drumnadrochit
IV3 6TU
Tel.: 0044-1456-450342

Dochfour Gardens
Dochfour Estate Office
Dochgarroch
IV3 6JP
Tel.: 0044-1463-861218

Inverness Castle
Castle Street
Inverness
IV2 3DU
Tel.: 0044-1463-243363
Fax: 0044-1463-710755

Inverness Museum and Art Gallery
Castle Wynd
Inverness
IV3 3ED
Tel.: 0044-1463-237114
Fax: 0044-1463-225293

Saint Andrews Cathedral
15 Ardross Street
Inverness
IV3 5NS
Tel.: 0044-1463-233535
Fax: 0044-1463-233535

Balnain House
40 Huntly Street
Inverness
IV3 5HR
Tel.: 0044-1463-715757
Fax: 0044-1463-713611

Kilts:

Chisholms Highland Dress –
Kilt and Tartan Specialists
47-49 Castle Street
Inverness
IV2 3DU
Tel.: 0044-1463-234599
Fax: 0044-1463-223009

Scottish Kiltmaker Centre
Hector Russell House
4-9 Huntly Street
Inverness
IV3 5PR
Tel.: 0044-1463-222781
Fax: 0044-1463-713414
E-Mail: kilts@russelh.win-uk.net

Wasserbehörden:

British Waterways Scotland
Canal House
Applecross Street
Glasgow
G4 9SP
Tel.: 0044-141-3326936
Fax: 0044-141-3311688

Reservierung von Liegeplätzen:
Caledonian Canal Office
Seaport Marina
Muirtown Wharf
Inverness
IV3 5LE
Tel.: 0044-1463-233140
Fax: 0044-1463-710942

Häfen:

Corpach (Wasser, Treibstoff, Sanitäreinrichtungen)

Banavie (Wasser, Sanitäreinrichtungen)

Laggan (Wasser, Sanitäreinrichtungen)

Fort Augustus (Wasser, Sanitäreinrichtungen)

Drumnadrochit (Wasser, Sanitäreinrichtungen)

Dochgarroch (Wasser, Sanitäreinrichtungen)

Muirtown (Wasser, Treibstoff, Sanitäreinrichtungen)

Seaport Marina Inverness (Wasser, Treibstoff, Sanitäreinrichtungen)

Restaurants:

Onich Hotel – Hotel-Restaurant
Onich
Fort William
PH33 6RY
Tel.: 0044-1855-821214
Fax: 0044-1855-821484
(Regionale Küche.)

Glen Loy Lodge Hotel –
Hotel-Restaurant
Fort William
PH33 7PD
Tel.: 0044-1397-712700
Fax: 0044-1397-712700
(Große Weinauswahl.)

Snowgoose Mountain
Restaurant
Nevis Range, Torlundy
Fort William
PH33 6SW
Tel.: 0044-1397-705825
Fax: 0044-1397-705854
(In 650 m Höhe am Ben Nevis gelegen.)

Crannog Seefood Restaurant
Town Pier
Fort William
PH33 7NG
Tel.: 0044-1397-705589
Fax: 0044-1397-705026

The Moorings Hotel
Banavie
Fort William
PH33 7LY
Tel.: 0044-1397-772797
Fax: 0044-1397-772441

Inchnacardoch Lodge Hotel –
Hotel-Restaurant
Fort Augustus
PH32 4BL
Tel.: 0044-1320-366258
Fax: 0044-1320-366247
(Liebevoll restauriertes viktorianisches Haus.)

Ceilidh House
Drumnadrochit
Inverness
IV63 6TU
Tel.: 0044-1456-450342
Fax: 0044-1456-450429
(Regionale Küche, schottischer Lachs, schottischer Käse.)

Drumnadrochit Hotel – Hotel-Restaurant
Drumnadrochit
Inverness
IV63 6TU
Tel.: 0044-1456-450573
Fax: 0044-1456-450770
(Regionale Küche aus ausschließlich frischen, einheimischen Produkten.)

Craigmonie Hotel – Hotel-Restaurant
9 Annfield Road
Inverness
IV2 3HX
Tel.: 0044-1463-231649

The Harlequin Bar &
Restaurant
1 View Place, Castle Street
Inverness
IV2 4SA
Tel.: 0044-1463-718178
Fax: 0044-1463-241572
(Schottische Spezialitäten.)

ENGLAND: THAMES

Die »gute Stube« der englischen Königsfamilie: Windsor Castle.

»LIQUID HISTORY«

Unheimliche, wallende Nebel, finstere Gestalten huschen unerkannt um Häuserecken, und über das Moor ertönt schauerlich das Heulen eines Hundes – wer bei dem Wort »Themse« diese Bilder vor Augen hat, sollte schleunigst ein Hausboot chartern und sich bei einer Reise durch die sanfte, blühende Landschaft zwischen Oxford und London eines Besseren belehren lassen. Weitläufige Parks umgeben uralte, gepflegte Herrenhäuser, und an den Ufern der Themse haben zahlreiche seltene Tiere und Pflanzen ihr Zuhause. Wer mehr über Land und Leute erfahren möchte, braucht keine schlauen Bücher, sondern bei jeder Schleuse ein kleines Schwätzchen mit dem Schleusenwärter: Seit vielen Generationen wird von den Familien dieser Beruf ausgeübt, und niemand kennt den Fluss und die Geschichte und Geschichtchen der Gegend besser als sie.

Die schiffbare, nicht gezeitenabhängige Themse hat eine Länge von 217 Kilometern mit insgesamt 44 Schleusen. Auf dieser Tour befahren Sie nur einen Teil der Strecke, beginnend bei der altehrwürdigen Universitätsstadt Oxford bis hinunter vor die Tore Londons. Mit der Schleuse

Tour-Daten

Charakter: Von der altehrwürdigen Universitätsstadt Oxford durch liebliche Hügellandschaften, vorbei an hochherrschaftlichen Landsitzen und den Schauplätzen der »Royal Regatta«, bis hin zum königlichen Windsor Castle– kaum ein Fluss ist besser geeignet, die britische Mentalität zu erforschen.

Wasserstraße: Thames (Themse)

Strecke: Oxford–Kingston-upon-Thames

Dauer: 1 Woche

Länge: 129 km

Anzahl der Schleusen: 32

Größter Tiefgang: 1,70 m

Größte Höhe: 2,30 m

»Teddington« kurz hinter Kingston-upon-Thames beginnt der gezeitenabhängige Teil des Stroms, der auch heute noch von der Berufs- und Überseeschifffahrt genutzt wird.

Die sanften Ufer der Themse sind seit vielen Jahren die Heimat bedrohter Tiere und Pflanzen – wenn Sie sehr viel Glück haben, können Sie hier sogar Fischotter beobachten. Kein Wunder, dass gerade diese Tiere sich hier so wohl fühlen: Mit über 20 verschiedenen Fischarten können auch Sie Ihren Speisezettel bereichern! Lizenzen erhalten Sie bei der »Environment Agency«, die sich in vorbildlicher Weise und mit großem Erfolg für den Erhalt von Natur und Umwelt an der Themse einsetzt. Nicht zuletzt der Agentur (und natürlich den schon erwähnten Schleusenwärtern!) ist es zu verdanken, dass die Themse heute zu den schönsten Bootsrevieren in ganz Großbritannien zählt. Darüber hinaus reguliert die Themse den Grundwasserspiegel von knapp 10 000 Quadratkilometern Englands und versorgt zwei Drittel der Londoner Bevölkerung mit Trinkwasser.

Über Jahrhunderte war der Fluss der Transportweg für Güter und Menschen schlechthin. An seinen Ufern wurden zahlreiche Kämpfe und Schlachten ausgetragen, denn die Themse bildet eine perfekte natürliche Verteidigungslinie im Süden des Landes. Im Land selbst und auch im Denken der Engländer nimmt die Themse einen derart zentralen Punkt ein, dass sie oft als »liquid history«, als flüssige Geschichte bezeichnet wird. Könige, Künstler, einfache Menschen und Verbrecher, den Aufbau prachtvoller Schlösser und Abteien und auch ihren Untergang – sie alle hat die Themse kommen und gehen sehen. Und auch wenn wir alle schon lange Geschichte sind, die Themse wird ungerührt ihren Weg fortsetzen. Tun Sie es den Königen aus alten Zeiten gleich und bereisen Sie diesen außergewöhnlichen Fluss – und wer weiß, vielleicht werden Sie selbst in 100 Jahren Teil der »liquid history« sein!

Oxford

Bis Wallingford: 37 km,
8 Schleusen

Beginnen Sie Ihre Reise in der Osney Marina von Oxford. Beste Versorgungsmöglichkeiten für Sie und Ihr Boot lassen Sie unbeschwert Ihren Stadtrundgang genießen.

Über 800 Jahre Tradition und Bildung prägen das Gesicht der Stadt an den Ufern der Themse mit ihren honiggoldenen Gebäuden. Berühmte Schriftsteller ließen sich schon von der Atmosphäre von alter Kultur und moderner Lebendigkeit inspirieren: J.R.R. Tolkien war hier oft zu Gast, und die »Christ Church« ist ein »Muss« Ihrer Besichtigung: »Alice im Wunderland« wurde hier geboren, und das Gotteshaus aus dem 18. Jahrhundert stand Pate für die »Hogwarts Hall« der Harry-Potter Filme. Auch Lawrence von Arabien ist ein berühmter Sohn der Stadt.

Die Nebel über der Themse müssen nicht immer unheimlich sein!

Aber vielleicht verschaffen Sie sich zunächst einen Überblick über die Stadt: Besteigen Sie das älteste Gebäude Oxfords, den »Saxon Tower« aus dem 11. Jahrhundert. Sage und schreibe 39 Colleges liegen Ihnen nun zu Füßen – die beste Art, wenigstens einige dieser altehrwürdigen Stätten der Bildung kennen zu lernen, ist eine geführte Tour, die das Tourist Office anbietet. Die ehrwürdige Universitätsbibliothek »Bodleian Library« beispielsweise sollten Sie sich auf keinen Fall entgehen lassen: Über sechs Millionen Bücher wurden seit 1488 hier gesammelt. Zur Universität gehört auch der älteste botanische Garten Großbritanniens, der die umfassendste Pflanzensammlung der Welt besitzt.

Sammlungen der verschiedensten Art finden Sie in den zahlreichen Museen Oxfords: Das »Museum of Oxford« erzählt die Geschichte der Stadt und ihrer Einwohner von prähistorischen Zeiten bis heute. Die »Bates Collection« zeigt 1800 historische und moderne Musikinstrumente, und im »Museum of the History of Science« sind erstaunliche physikalische, nautische und medizinische Instrumente zu bewundern.

Sollten Sie sich besonders für Architektur interessieren, ist Oxford ein wahres Mekka für Sie: Allein für das »Sheldonian Theatre« sollten Sie sich einige Stunden Zeit nehmen. Das Theater war das erste große Werk des Architekten Christoph Wren, der im 17. Jahrhundert Professor für

Astronomie in Oxford war. Im Stil eines römischen Theaters erbaut, ist ganz besonders das Deckengemälde sehenswert, das noch heute im selben Glanz erstrahlt wie vor 300 Jahren.
Mitten durch idyllische »parks and gardens« führt Sie Ihr Weg von Oxford gen Süden. Machen Sie in der Nähe von Dorchester Halt: Sehr lohnenswert ist ein Ausflug nach »Sinodun Hills«, wo die Überreste eines Forts aus der Eisenzeit zu besichtigen sind.

Wallingford

Bis Reading: 28 km,
5 Schleusen
Kurz vor Wallingford erreichen Sie die Marina Benson, ein guter Platz, um die Nacht zu verbringen. Gute Infrastruktur garantiert dem Bootsreisenden einen angenehmen Aufenthalt. Einkaufsmöglichkeiten und Restaurants finden Sie in der Stadt.
Den Grundstein für Wallingford legten einst die Sachsen: Die Steinwälle rund um die ursprüngliche Ansiedlung können noch heute bewundert werden. William der Eroberer baute das »Wallingford Castle«, das zur königlichen Residenz wurde, bis die Pest die Stadt heimsuchte. Im 17. Jahrhundert wurde das Schloss leider auf Befehl von Oliver Cromwell nach einer 65-tägigen Belagerung zerstört, doch einige Ruinen sind bis heute erhalten geblieben.
Die komplette Altstadt des quirligen Marktstädtchens wurde liebevoll restauriert. Umgeben von historischen Gebäuden, die bis ins 14. Jahrhundert zurück datieren, unternehmen Sie in Wallingford einen Spaziergang quer durch die britische Geschichte: Im »Wallingford Museum« erleben Sie die Geschichte der Stadt und ihrer Umgebung, und im »Benson Veteran Cycle Museum« kommen Freunde des Motorsports auf ihre Kosten: Historische Motorräder von 1818 bis 1930 sind hier versammelt. Ein weiteres Highlight für Liebhaber der vergessenen Transportmethoden ist die »Cholsey and Wallingford Railway«: Die Dampfloks können nicht nur besichtigt werden, an Wochenenden können Sie mit ihnen auch kleinere Ausflüge in die Umgebung unternehmen.
Versäumen Sie keinesfalls einen Besuch der normannischen Kirche im nahegelegenen Örtchen Cholsey: Agatha Christie fand hier ihre letzte Ruhestätte.
Aus der offenen Weite der Landschaft führt Sie Ihr weiterer Weg

nun in die Nähe der Hügel der Berkshire Downs im Süden und der Chiltern Hills im Norden. Nach all dem flachen Land erscheinen Ihnen die Erhebungen fast wie Gebirge.

Reading

Bis Henley: 14 km, 3 Schleusen
In Reading haben Sie gleich fünf Häfen zur Auswahl. Alle verfügen über beste Infrastruktur, so dass Ihnen die Qual der Wahl nicht erspart bleiben wird!
Seit ihren Anfängen im Jahr 870 als angelsächsische Siedlung hat Reading einen weiten Weg zurückgelegt bis zur blühenden Geschäftsmetropole der heutigen Tage. Zwar war die Stadt nie bedeutend genug, um ein eigenes Schloss zu besitzen, doch zahlreiche gepflegte Herrenhäuser entschädigen Sie reichlich für eine entgangene Schlossbesichtigung: Das georgianische »Basildon Park«, das Heim der Wellingtons »Straffield Saye House« oder das »Mapledurham House« mit seiner noch heute arbeitenden Wassermühle laden zu ausgedehnten Spaziergängen durch einen wichtigen Teil der britischen Kultur. Kleine Anleihen bei der Kultur der Franzosen sind zu sehen im »Reading Museum«: Eine Nachbildung des Teppichs von Bayeux (11. Jahrhundert) wurde Ende des 19. Jahrhunderts geschaffen und bedeckt mit 70 Metern Länge eine enorme Fläche des Museums von Reading.
Liebhaber von Pflanzen, speziell von Kräutern, sollten auf keinen Fall die »Herb Farm« auslassen: Über 200 Pflanzen und deren Produkte sind hier nicht nur zu bestaunen, sondern auch käuflich zu erwerben.

Henley

Bis Windsor: 37 km,
8 Schleusen
Auch Henley verfügt über beste Liegemöglichkeiten – denn schließlich ist die Stadt berühmt als Austragungsort der »Royal Regatta«, die seit 1839 in jedem Juli hier stattfindet. Sollten Sie nicht im Juli reisen, können Sie im »River and Rowing Museum« dennoch einen Eindruck von der überregionalen Bedeutung des Spektakels gewinnen. Eine originelle Besonderheit ist auch, dass aus Anlass der Regatta alle hier lebenden Schwäne aus der Themse genommen werden. Diese Aufgabe obliegt den königlichen »Swan Keepers«, den »Dyers« und den »Vinters«,

Ein Spektakel, das seinesgleichen sucht: Die »Royal Regatta« in Henley.

die ausschließlich für die Pflege der Schwäne zuständig sind. Der Überlieferung nach soll Richard Löwenherz die ersten Themse-Schwäne aus Zypern mitgebracht haben.

Ein Spektakel ganz anderer Art erleben Sie bei einer Führung durch die »Brakspear Brewery«, eine Bierbrauerei, die im Jahre 1779 gegründet wurde und noch heute eines der beliebtesten Biere Englands herstellt.

Ob die berühmte Lady Astor eine Biertrinkerin war, ist nicht überliefert, aber sicherlich hatte sie von Ihrem Landsitz »Cliveden« hoch über den Ufern der Themse, nicht weit von Henley entfernt, den besten Blick auf die Regatta. In Cliveden ist heute ein 7-Sterne-Hotel ansässig.

Machen Sie auf Ihrem Weg in die königlichen Gefilde von Windsor Halt in Marlow, einer malerischen kleinen Stadt, deren mittelalterliche Häuser Sie in vergangene Zeiten zurückversetzen. Sollte das Wetter entgegen aller Erwartungen doch einmal »typisch englisch« sein, ist dies die beste Voraussetzung, um das Wohnhaus von Mary Shelley zu besichtigen, der Autorin des Klassikers »Frankenstein«.

Windsor

Bis Kingston: 13 km,
8 Schleusen

Willkommen in der guten Stube der königlichen Familie! Seit über 900 Jahren ist Windsor Castle eine Residenz der Könige Englands. Wenn statt der englischen Fahne der »Royal Standard« über den Zinnen weht, können Sie Ihr Glück versuchen, ob Sie einen Blick auf die Queen erhaschen können. Ansonsten müssen Sie sich mit der Besichtigung des Schlosses samt seines weitläufigen Parkgeländes und einem Blick auf tote Könige zufrieden geben: In der »St. George's Chapel« sind zehn Monarchen begraben, unter ihnen Heinrich VIII. mit seiner Lieblingsfrau Jane Seymour.

Eine Ahnung von den Regenten von morgen bekommt man beim

Besuch des Eton College, das 1440 von König Heinrich VI. gegründet wurde, um 70 mittellose Schüler zu unterrichten. Seit diesem Zeitpunkt ist die Schülerzahl auf knapp 1300 angewachsen, doch die Schuluniformen haben sich seit 1850 nicht geändert. Eine Führung durch das College verschafft Ihnen einen Einblick in das älteste Klassenzimmer, die Kapelle und das »Museum of Eton Life«.

Lassen Sie Ihr Boot in einem der Häfen von Windsor liegen: Ausflüge ins Umland führen Geschichtsbegeisterte ohne Zweifel nach Runnymede, wo im Jahre 1215 von König John die »Magna Charta« besiegelt wurde, die Grundlage für die konstitutionelle Monarchie und das Recht des Individuums auf Freiheit und Gerechtigkeit. Pferde- und Modefreunde hingegen werden einen Besuch der Rennbahn in Ascot vorziehen, das nur einige Kilometer südöstlich von Windsor gelegen ist.

Kingston

Vom Liegeplatz »Turkes Launches Ltd.« mit seiner guten Infrastruktur ist es nur ein kleiner Fußweg bis zur Innenstadt von Kingston.

Wie der Name schon sagt, war Kingston bereits in alten Zeiten eine »King's town«, eine Stadt der Könige. Man sagt, dass schon Julius Cäsar bei seiner Eroberung Britanniens im Jahre 54 v.Chr. bei Kingston die Themse überschritt. Die sächsischen Könige wurden in dieser Stadt gekrönt, woran der »Coronation Stone« in der Nähe der Clattern Bridge am Fluss Hogsmill erinnert. Für jede Amtszeit eines Sachsenkönigs wurde ein Silberpfennig in den Stein geschlagen. Erkunden Sie die Details der faszinierenden Geschichte von Kingston im »Kingston Museum and Local History Room«.

Berühmter aber als alle Könige und Königinnen ist sicherlich Enid Blyton. Die Kinderbuchautorin arbeitete als Lehrerin in Kingston, als ihr erstes Buch erschien.

Sie sind am Ende Ihrer Reise noch auf der Suche nach stilvollen Andenken? Kingston ist ein Zentrum des Antiquitätenhandels – zahlreiche Geschäfte in der Innenstadt machen Ihnen die Auswahl nicht gerade leicht. Sie können sich jedoch schon vor Ihrer Abreise beim Verband der Antiquitätenhändler, »The Secretary« in London, der seit 1918 besteht, nach den besten Adressen erkundigen.

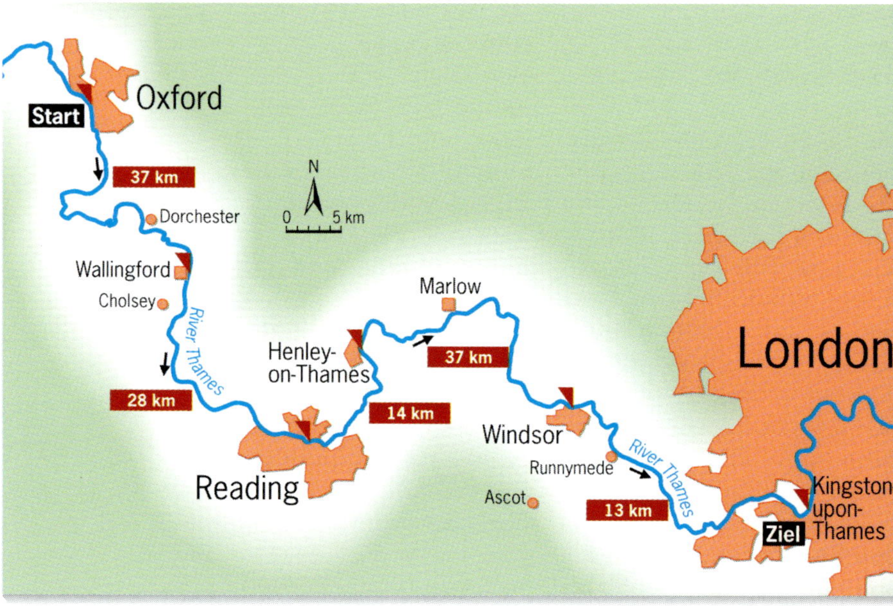

Adressen

Touristische Informationen:

Urlaubsservice Großbritannien
Westendstr. 16-22
60325 Frankfurt
Tel.: 01801-468642
Fax: 069-97112444
E-Mail: gb-info@bta.org.uk

Environment Agency
Isis House
Howbery Park
Wallingford
OX10 8BD
Tel.: 0044-1491-832801
Fax: 0044-1491-834703
E-Mail: visitthames@environment-agency.gov.uk
Website: www.environment-agency.gov.uk

Oxford Tourist Information Centre
The Old School
Gloucester Green
Oxford
OX1 2DA
Tel.: 0044-1865-726871
Fax: 0044-1865-240261
E-Mail: tic@oxford.gov.uk

The Abingdon Tourist Information Centre
25/27 Bridge Street

Abingdon
Oxon
Tel.: 0044-1235-522711

Wallingford Tourist
Information Centre
The Town Hall
Market Place
Wallingford
Tel.: 0044-1491-826972

Reading Visitor Center &
Travel Shop
Church House
Chain Street
Reading
RG1 2HX
Tel.: 0044-118-9566226
Fax: 0044-118-9399885
E-Mail:
touristinfor@reading.gov.uk

Information Centre
The Barn
Kings Road
Henley-on-Thames
Tel.: 0044-1491-578034

Marlow Tourist Information
Office
31 High Street
Marlow
SL7 1 AU
Tel.: 0044-1628-483597
Fax: 0044-1628-471915
E-Mail: tourism.enquiries@
wycombe.gov.uk

The Royal Borough of Windsor
and Maidenhead
Town Hall
St. Ives Road
Maidenhead
SL6 1RF
Tel.: 0044-1628-798888

Kingston-upon-Thames Tourist
Information Office
Port of London Authority
Bakers Hall
7 Harp Lane
London
EC3R 6LB
Tel.: 0044-20-77437900

The Secretary, B.A.D.A.
20 Rutland Gate
London
SW7 1BD
Tel.: 0044-20-75894128

Sehenswürdigkeiten:

The Saxon Tower of St.
Michael at the North Gate
Cornmarket Street
Oxford
Tel.: 0044-1865-240940

Sheldonian Theatre
Broad Street
Oxford
Tel.: 0044-1865-277299

Museum of the History of
Science

Old Ashmolean Building
Broad Street
Oxford
Tel.: 0044-1865-277280

Museum of Oxford
St. Aldate's
Oxford
Tel.: 0044-1865-728822

University of Oxford Botanic Garden
High Street / Rose Lane
Oxford
Tel.: 0044-1865-286690

Benson Veteran Cycle Museum
61 Brook Street
Benson / Wallingford

Basildon Park
In der Nähe von Pangbourne
Tel.: 0044-118-9843040

Mapledurham House and Watermill
Mapledurham
Reading
Tel.: 0044-118-9723350

The Herb Farm
Sonning Common
Reading
Tel.: 0044-118-9724220

River & Rowing Museum
Mill Meadows
Henley-on-Thames
RG9 1BF
Tel.: 0044-1491-415600
Fax: 0044-1494-415601
E-Mail: museum@rrm.co.uk

W.H. Brakspear & Sons plc
The Brewery
New Street
Henley-on-Thames
RG9 2BU
Tel.: 0044-1491-570200
Fax: 0044-1491-410254
E-Mail: brewery@brakspear.co.uk
Website: www.brakspear.co.uk

Windsor Castle
Windsor
SL4 1NJ
Tel.: 0044-1753-831118
Fax: 0044-1753-832290
E-Mail: windsorcastle@royal-collection.org.uk
Website: www.royalresidences.com

St. George's Chapel
Inside Windsor Castle
Tel.: 0044-1753-869898
Fax: 0044-1753-832290
E-Mail: windsorcastle@royal-collection.org.uk
Website: www.royalresidences.com

Ascot Racecourse
Ascot

SL5 7JN
Tel.: 0044-1344-876876
Fax: 0044-1344-628299
Website: www.ascot.co.uk

Angeln:

Zunächst kaufen Sie eine »rod licence« bei der Environment Agency, PO Box 214, Reading, RG1 8HQ, Tel.: 0044-118-9535518.
Danach holen Sie die Erlaubnis der jeweiligen Gebietsaufsicht ein. Diese sind:

River Thames at Reading
Tel.: 0044-118-9872216

River Thames, Hurley Lock Island
Tel.: 0044-1628-824334

River Thames at Marlow
Tel.: 0044-118-9535000

River Thames, Staines Bridge bis Teddington
Tel.: 0044-20-89408723

Wasserbehörden:

The Inland Waterways Association (IWA)
IWA Guildford & Reading Branch
14 Lincoln Drive
Pryford
Woking
GU22 8RN
Tel.: 0044-1932-401505

IWA Oxfordshire Branch
Orchard House
Northcourt Lane
Abingdon
OX14 1PN
Tel.: 0044-1235-523525

Häfen:

Sofern Sie mit Ihrem Boot keine Behinderung des Verkehrs darstellen oder die Ufer beschädigen, dürfen Sie an jeder Stelle der Themse bis zu 24 Stunden festmachen. Wegen der Vielzahl der Häfen haben wir im Folgenden für jeden Ort exemplarisch nur ein oder zwei Häfen angeführt.

Oxford, Bossom's Boatyard (Wasser, Sanitäreinrichtungen)
Tel.: 0044-1865-247780

Oxford, Osney Marina (Wasser, Treibstoff, Sanitäreinrichtungen)
Tel.: 044-1865-241348

Abingdon, Kingcraft (Wasser, Treibstoff, Sanitäreinrichtungen)
Tel.: 0044-1235-521125

Shillingford, Shillingford Bridge Hotel (Wasser, Sanitäreinrichtungen)
Tel.: 0044-1865-858567

Wallingford, Marina Benson (Wasser, Treibstoff, Sanitäreinrichtungen)
Tel.: 0044-1491-838304

Reading, Reading Marine Services (Wasser, Treibstoff, Sanitäreinrichtungen)
Tel.: 0044-118-9423877

Reading, Bridge Boats Ltd. (Wasser, Sanitäreinrichtungen)
Tel.: 0044-118-9590346

Henley, Hobbs & Sons Ltd. (Wasser, Sanitäreinrichtungen)
Tel.: 0044-1491-572035

Marlow, Harleyford Marine Ltd. (Wasser, Treibstoff, Sanitäreinrichtungen)
Tel.: 0044-1628-471361

Windsor, Windsor Marina (Wasser, Treibstoff, Sanitäreinrichtungen)
Tel.: 0044-1753-853911

Windsor, Racecourse Yacht Basin (Wasser, Sanitäreinrichtungen)
Tel.: 0044-1753-851501

Staines, Chambers Boatyard (Wasser, Sanitäreinrichtungen)
Tel.: 0044-1784-482051

Hampton, Port Hampton Ltd. (Wasser, Treibstoff, Sanitäreinrichtungen)
Tel.: 0044-20-89798116

Kingston-upon-Thames, Turk's Launches Ltd. (Wasser, Sanitäreinrichtungen)
Tel.: 0044-20-85462434

Wasserbehörden:

Local Navigation Office (Cricklade Bridge bis Days Lock), Osney Lock, Bridge Street, Oxford OX2 0AX, Tel.: 0044-1865-721271

Local Navigation Office (Days Lock bis Hurley Lower Lock), Caversham Lock Island, Kings Meadow Road, Reading RG1 8BP, Tel.: 0044-118-9535533

Local Navigation Office (Hurley Weir Stream bis Penton Hook Lock), Boulter's Lock, Raymead Road, Maidenhead SL6 8PE, Tel.: 0044-118-9535577

Local Navigation Office (Penton Hook Lower Lock Cut bis Teddington), Lock Island, Shep-

perton, Middlesex TW17 9LW,
Tel.: 0044-1276-454900

Restaurants:

Oyster Bar – Hotel-Restaurant
Beaumont Street
Oxford
OX1 2LN
Tel.: 0044-870-4008200
Fax: 0044-1865-791678
(In Kerzenlicht getauchtes, urenglisches Ambiente mit College-Wappen am Gesims.)

Fishers
36-37 St Clements
Oxford
OX4 1AB
Tel.: 0044-1865-243003
Fax: 0044-1865-243003
(Spezialität: frische Meeresfrüchte.)

Upper Reaches – Hotel-Restaurant
Thames Street
Abingdon
OX14 3JA
Tel.: 0044-870-4008101
Fax: 0044-1235-555182

Rainbow Corner – Hotel-Restaurant
132-138 Caversham Road
Reading
RG1 8AY
Tel.: 0044-118-9588140
Fax: 0044-118-9586500
(Traditionelle englische Küche.)

Villa Marina
18 Thameside
Henley-on-Thames
RG9 1BH
Tel.: 0044-1491-575262
Fax: 0044-1491-411394

Castle Restaurant – Hotel-Restaurant
High Street
Windsor
SL4 1LJ
Tel.: 0044-1753-851011
Fax: 0044-1753-830244
(Von Mönchen errichtetes ehemaliges Gasthaus, traditionelle englische Küche.)

Thames Lodge – Hotel-Restaurant
Thames Street
Staines
TW18 4SF
Tel.: 0044-870-4008121
Fax: 0044-1784-466772
(Flusslage, traditionelle englische Küche.)

Gravier's
9 Station Rd, Norbiton
Kingston
KT2 7AA
Tel.: 0044-20-85495557
(Fischspezialitäten.)

ENGLAND: TRENT

Ein Highlight der Reise: Der älteste Pub Englands in Nottingham.

AUF DEN SPUREN VON ROBIN HOOD

Durch die dichten Eichenwälder des Sherwood Forest schlängelt sich der River Trent, geheimnisvolle Pfade führen von seinen Ufern ins düstere Dickicht... Genau hier muss es gewesen sein, wo der legendäre Robin Hood seine Mannen sammelte, um sie trickreich gegen den verschlagenen Sheriff von Nottingham zu führen. Und dort, in diesem lauschigen Hain, hat er sicherlich zum ersten Mal Maid Marian geküsst... Stecken Sie sich eine Fasanenfeder an den Hut und folgen Sie den zahlreichen Spuren des noch heute besungenen Volkshelden!

Der River Trent war nachweislich schon 1000 Jahre v. Chr. eine wichtige Verbindung auf der Handelsstraße zwischen dem Kontinent und dem Metall verarbeitenden Handwerk in Irland. Die Römer bauten einen Kanal zwischen dem Trent und Lincoln, um eine durchgehende Wasserstraße zwischen Mittelengland und dem Meer zu schaffen. Der Treidelpfad und die ersten Schleusen entstanden im 18. Jahrhundert, so dass der River Trent bis in die Anfänge des 20. Jahrhundert seine Bedeutung als einer der Haupt-Handelswege für Mittelengland behaupten konnte.

Tour-Daten

Charakter: Unternehmen Sie eine Reise vom Mittelalter bis in die glorreiche viktorianische Ära, inmitten einer der schönsten Landschaften Englands. Im Land von Robin Hood werden alte Traditionen und die bunte Historie liebevoll gepflegt.
Wasserstraße: Trent
Strecke: Nottingham–Gainsborough
Dauer: 1 Woche
Länge: 88 km
Anzahl der Schleusen: 8
Größter Tiefgang: 1,80 m
Größte Höhe: 4,26 m

Über 150 Kilometer von Nottingham bis hinauf zur Humber-Bucht im Norden erstreckt sich eine der schönsten Landschaften Englands: Sanfte, ländliche Gegenden, gesprenkelt von idyllischen Marktflecken begleiten Sie auf Ihrem Weg zum Meer. Zwischen den Häfen der Humber-Bucht und Gainsborough ist auch heute noch ein reger Handelsverkehr zu verzeichnen. Auch ist der Fluss auf diesem Teilstück mehr und mehr den Gezeiten unterworfen, so dass die hier beschriebene Tour in Gainsborough endet.

Seine ehemalige große Bedeutung für die Berufsschifffahrt hat für den Bootsreisenden die angenehme Folge, dass die Infrastruktur des Flusses nichts zu wünschen übrig lässt: Vorzüglich gewartete Schleusen und zahlreiche Haltemöglichkeiten, die speziell für Sportboote eingerichtet wurden, lassen den Urlaub gerade auch für den Anfänger in Sachen Bootsferien zu einem wahren Genuss werden. Auf der hier beschriebenen Strecke sind Frachtschiffe nur noch selten zu finden; das gesamte Revier gehört fast ausschließlich den Bootsurlaubern.

Nottingham

Bis Newark: 38 km, 6 Schleusen
Nottingham verfügt über zahlreiche Liege- und Anlegeplätze, die zum größten Teil mit bester Infrastruktur ausgestattet sind. Gute Einkaufsmöglichkeiten und Restaurants finden Sie in der Stadt.

Beginnen Sie Ihre Reise inmitten des sagenumwobenen Sherwood Forest, der Heimat des Volkshelden Robin Hood, der – glaubt man den Legenden – hier im Mittelalter den Obrigkeiten zum Trotz dem geknechteten Volk zu Gerechtigkeit verhalf. Der Sherwood Forest erstreckte sich einst über fast 50 Kilometer von Nottingham bis Worksop und war ein königliches Jagdgebiet. Jeder »Bürgerliche«, der im Wald mit einem Jagdhund oder Pfeil und Bogen ertappt wurde, hatte schwere Strafen zu fürchten – von Folter bis zum Tod durch den Strang. Zahlreiche Wegelagerer trieben ihr Unwesen, so dass die Adligen den »Kings Great Way« von Nottingham nach York nur im Konvoi befuhren.

Unter der Regentschaft von Richard Löwenherz erfreuten sich die Kreuzzüge ins gelobte Land großer Beliebtheit – jedoch verschlangen sie Unsummen von Geld, das der ohnehin schon armen Bevölkerung abgetrotzt wurde. In dieser Zeit wurde Robin von Locksley geboren – und die unterdrückten Bauern der Gegend erkoren den Wegelagerer zu ihrem Helden.

Natürlich darf bei einer solch dramatischen Legende auch eine Liebesgeschichte nicht fehlen: Man erzählt sich, dass Robin Hood und seine Maid Marian sich zum ersten Mal unter der ausladenden Krone der »Major Oak«, der größten und ältesten Eiche des Sherwood Forest, geküsst haben sollen. Dass neuere Forschungen ergeben haben, dass dieser Baum frühestens 100 Jahre nach Robins Tod das Licht der Welt erblickt haben kann, tut

Noch heute würde Robin Hood seine Heimatstadt auf Anhieb wiedererkennen.

der ergreifenden Romanze keinen Abbruch. Wahrscheinlicher ist jedenfalls die Überlieferung, dass die beiden tatsächlich im Dörfchen Edwinstowe geheiratet haben. Die Kirche »St. Mary« aus dem 12. Jahrhundert soll der Ort dieser Feierlichkeit gewesen sein.

Viel jünger, nämlich aus dem Jahr 1848, ist die »Wesleyan Chapel«, die seit ihrer Erbauung kurioserweise als Bäckerei genutzt wird. Die Bewohner von Edwinstowe nutzten im frühen 19. Jahrhundert die Wasser des Flüsschens Maun geschickt für ihre Zwecke: Reste einer alten Mühle sind heute noch ebenso zu bewundern wie das System von Deichen, mit welchem das Ackerland überflutet werden konnte, um die Ernteerträge zu steigern.

Zurück in Nottingham, wird Ihr erster Weg Sie zum imposanten »Nottingham Castle« führen, das majestätisch über der Stadt thront. Erkunden Sie in den uralten Mauern ein originalgetreu restauriertes Wachhaus und vor allem das Museum »Story of Nottingham«, das die Geschichte der Stadt von ihren Anfängen bis heute in anschaulichster Weise beschreibt. Vom Schloss aus können Sie an einer Führung durch die »Caves of Nottingham« teilnehmen. Beim Bau eines Einkaufszentrums stieß man auf diese rätselhaften Höhlen, die den Untergrund der Stadt durchziehen. Sie dienten den ersten Bewohnern von Nottingham als Unterkunft, Lagerraum und Handelsstationen. Erste Spuren können bis ins Jahr 868 zurückverfolgt werden, und zur Zeit stehen über 200 Höhlen zur Besichtigung offen. Es wird jedoch vermutet, dass noch mindestens 75 weitere auf ihre Entdeckung warten.

Der Reichtum von Nottingham gründete sich einst vor allem auf die Textilindustrie. Im »Museum of Costume and Textiles« können Sie Stoffe, Kostüme und prachtvolle Abendroben von 1790 bis ins 20. Jahrhundert bewundern. Auch das Gebäude selbst ist äußerst sehenswert. Ein typisch georgianisches Haus führt Sie sanft zurück in die Vergangenheit. Noch weiter zurück nämlich bis ins Mittelalter reicht die Grundsteinlegung für das Heim des »Lace Center«, in dem noch heute das uralte Handwerk des Spitzenklöppelns ausgeübt wird. Jeden Donnerstag finden hier Vorführungen der filigranen Kunst statt.

Ebenfalls an einem Donnerstag (und auch am Freitag und Samstag), nämlich dem ersten im Oktober, können Sie sich vollends ins Mittelalter versinken lassen: Vor den Toren Nottinghams findet die »Goose Fair« statt, ein spektakulärer mittelalterlicher Markt. Ein stilechter Abschluss eines solchen Markttages ist ein Abend bei den Veranstaltungen der Gesellschaft »Tales of Robin Hood«: Wählen Sie zwischen einem mittelalterlichen Festbankett oder einer »Murder Mystery Night«.

Robin Hood war übrigens nicht der einzige berühmte Bewohner der Gegend: Der Poet Lord Byron lebte für lange Jahre in der »Newstead Abbey«. Das verwinkelte Gebäude inmitten eines riesigen Parks mit zauberhaft angelegten Gärten war einst eine mittelalterliche Abtei und stand oft Pate für seine Geschichten.

Wenn Sie nun schon einmal in England sind, sollten Sie auch nicht die Begegnung mit einem Geist auslassen: In der »Wollaton Hall«, die Museen für Industrie- und Naturgeschichte beherbergt, sollen seit 400 Jahren verschiedene Gespenster ihr Unwesen treiben, ganz stilecht mit Kettengerassel, seltsamen Lichterscheinungen und plötzlichem Temperaturabfall.

Kettengerassel einer ganz anderen Art können Sie in den »Galleries of Justice« erleben. Bei einer Führung durch das historische Gefängnis von Nottingham brauchen Sie starke Nerven, denn Sie werden kurzerhand in einen Angeklagten, Verurteilten und Kerkerinsassen im finstersten Mittelalter verwandelt.

Auf Ihrer weiteren Reise den River Trent hinauf sehen Sie schon von weitem das majestätische »Shelford Manor« aus dem 17. Jahrhundert, das leider in Privatbesitz und nicht für die Öffentlichkeit zugänglich ist. Nur wenige Meter weiter passieren Sie bei Gunthorpe die älteste Brücke des Trent: Sie wurde 1875 erbaut.

Machen Sie am Anleger von Fiskerton (gute Versorgungsmöglichkeiten) fest und unternehmen Sie einen Ausflug nach Southwell, etwa fünf Kilometer nordwestlich gelegen. Das viktorianische »The Workhouse« zeigt auf anschauliche und beklemmende Weise, wie das Leben in einem englischen Armenhaus vor gut 100 Jahren gewesen sein muss.

Newark-on-Trent

Bis Torksey: 34 km, 2 Schleusen

In Newark haben Sie gleich

Kunstvoll gestaltete Tradition: Eingangsschild eines Pubs in Nottingham.

mehrere Möglichkeiten, festzumachen. Alle sind mit guten Versorgungsmöglichkeiten (Wasser, Treibstoff, Sanitäranlagen) ausgestattet. Von den zahlreichen Geschäften in der Stadt bis zu den Häfen ist es jeweils nur ein kurzer Fußweg.

Mit Newark erreichen Sie eine weitere Stadt im County Nottinghamshire, in der das mittelalterliche Leben noch heute auf Schritt und Tritt spürbar ist: Genießen Sie das quirlige Leben an einem Markttag und erholen Sie sich von den unzähligen Eindrücken in einem der den Marktplatz umgebenden Pubs. Im »Clinton Arms« soll W.E. Gladstone 1832 seine erste Rede gehalten haben. Später wurde er Premierminister von Großbritannien.

Vom »Newark Castle« aus dem 12. Jahrhundert sind leider nur noch zirka 20 Prozent der Gebäude erhalten, aber dennoch ist es aus dem Stadtbild nicht mehr wegzudenken.

Die Geschichte von Newark ist untrennbar mit den Wassern des River Trent verbunden. In der »Boughton Pumping Station« mit ihrem 60 Meter hohen Schornstein können Sie die Entstehung von Elektrizität aus Wasserkraft bestaunen. Eher beschaulich geht es zu in der »Ollerton Watermill and Teashop«. Die einzige noch heute in Betrieb befindliche Wassermühle beherbergt ein Besucherzentrum und eine gemütliche kleine Teestube. »Zeit« ist das Thema, mit dem sich das »British Horological Institute« beschäftigt: Eine umfassende Ausstellung von Uhren und anderen Chronometern aller nur denkbarer Arten fasziniert den Besucher.

Sie nähern sich dem Ende des gezeitenunabhängigen Teils des Trent. Nach dem Passieren der Schleuse bei Cromwell ist vom Skipper ein wenig mehr Aufmerksamkeit gefordert. Aber zunächst machen Sie am Anleger der Schleuse fest und vertreten sich ein wenig die Beine.

Inmitten einer bezaubernden ländlichen englischen Gegend entstand Cromwell an einer Furt durch den Fluss, und schon die Römer bauten an dieser Stelle eine Brücke. Im Ort können Sie Ihre Bordverpflegung ergänzen und dem »Vina Cooke Museum of Dolls & Bygone Childhood« einen Besuch abstatten. Das Museum hat im Laufe der Jahre eine große Kollektion von viktorianischem Spielzeug, vornehmlich Puppen, angesammelt. Besonders sehenswert ist die Abteilung der berühmten Charaktere: Mitglieder der königlichen Familie und Filmstars sind als handgefertigte Puppen zu bestaunen.

Torksey

Bis Gainsborough: 16 km
Das kleine Städtchen in der Nähe des gut ausgestatteten Anlegers scheint gänzlich der Vergangenheit entsprungen zu sein: Vom Fluss aus bestens zu sehen ist ein Teil der Tudor-Fassade des ehemaligen Schlosses, von dem nur noch Reste erhalten sind. Im 19. Jahrhundert gründete der begabte Porzellanmaler William Billingsley eine Keramikwerkstatt im Norden der Stadt, die jedoch aufgrund seiner mangelnden geschäftlichen Fähigkeiten nach nur drei Jahren wieder geschlossen werden musste. In einigen Galerien Torkseys sind Stücke von Billingsleys Kunst ausgestellt.

Gainsborough

Schon vom Fluss aus können Sie anhand der alten Werften und Lagerhäuser erahnen, dass Gainsborough eine bedeutende Hafenstadt im 18. und 19. Jahrhundert gewesen sein muss. Auch heute noch ist der Hafen von Gainsborough ein Umschlagplatz für verschiedenste Güter.
Schlendern Sie zum Abschluss Ihrer Reise durch die viktorianische Innenstadt Gainsboroughs und lassen Sie Ihre Seele baumeln bei der Besichtigung der zahlreichen Kirchen aus der gleichen Epoche. Besonders empfehlenswert ist ein Besuch in der »Old Hall« von Gainsborough. Erbaut im 15. und 16. Jahrhundert, ist ihr Herzstück der gleichnamige Saal »Old Hall«, seit jeher ein Treffpunkt der Gemeinde. Nicht nur Heinrich VIII. traf hier seine sechste Frau, Catherine Parr, auch die Pilger-Väter sammelten sich in der Halle vor ihrer Abreise in die Neue Welt. In der mittelalterlichen Küche können Sie die Unterschiede zwischen damals und heute aufspüren – und sich glücklich schätzen, dass zu Hause Ihre Spülmaschine auf Sie wartet.

Adressen

Touristische Informationen:

Urlaubsservice Großbritannien
Westendstr. 16-22
60325 Frankfurt
Tel.: 01801-468642
Fax: 069-97112444
E-Mail: gb-info@bta.org.uk

Sherwood Forest Country Park
& Visitor Centre
An der B6034

Edwinstowe, Near Mansfield
NG21 9HN
Tel.: 0044-1623-823202
Fax: 0044-1623-823202

The Tales of Robin Hood
30-38 Maid Marian Way
Nottingham
NG1 6GF
Tel.: 0044-115-9483284
Fax: 0044-115-9501536
E-Mail:
enquiries@robinhood.uk.com

Nottingham City Council
The Guildhall
South Sherwood Street
Nottingham
NG1 4BT
Tel.: 0044-115-9155555

City Information Centre
1-4 Smithy Row
Nottingham
NG1 2BY
Tel.: 0044-115-9155330

Newark Tourist Information Centre
The Gilstrap Centre
Castlegate
Newark
NG24 1BG
Tel.: 0044-1636-655765
Fax: 0044-1636-655767
E-Mail: gilstrap@newark-sherwooddc.gov.uk

Gainsborough Tourism Unit
West Lindsay District Council
26 Spital Terrace
Gainsborough
Tel.: 0044-1427-615411
Fax: 0044-1427-811553
E-Mail: tourism.info@westlindsay.gov.uk

Sehenswürdigkeiten:

Nottingham Castle
Off Friar Lane
Nottingham
NG1 6EL
Tel.: 0044-115-9153700
Fax: 0044-115-9153653

Lace Centre
Severns Building
Castle Road
Nottingham
NG1 6AA
Tel.: 0044-115-9413539
Fax: 0044-115-9422523

Museum of Costume and Textiles
51 Castle Gate
Nottingham
NG1 6AF
Tel.: 0044-115-9153500

Caves of Nottingham
The Broadmarsh Centre
Drury Walk
Nottingham
NG1 7LS

Tel.: 0044-115-9241424
Fax: 0044-115-9241430

Newstead Abbey
Ravenshead
Nottinghamshire
NG15 8GE
Tel.: 0044-1623-455900
Fax: 0044-1623-455903

Wollaton Hall
Wollaton Park
Nottingham
NG8 2AE
Tel.: 0044-115-9153900
Fax: 0044-115-9153901

Galleries of Justice
Shire Hall
High Pavement
Nottingham
NG1 1HN
Tel.: 0044-115-9520555
Fax: 0044-115-9939828
E-Mail: info@galleriesofjustice.org.uk
Website: www.galleriesofjustice.org.uk (eine äußerst vergnügliche Website!)

The Workhouse, Southwell
Upton Road
Southwell
NG25 0PT
Tel.: 0044-1636-817250
Fax: 0044-1636-817251

Newark Castle
Tel.: 0044-1636-655765
Fax: 0044-1636-655767
E-Mail: museums@newark-sherwooddc.gov.uk

Boughton Pumping Station
Brake Lane
Boughton
Newark
NG22 9HQ
Tel.: 0044-1623-862366
Fax: 0044-1623-836231

Ollerton Watermill and Teashop
Market Place
Ollerton
Newark
NG22 9AA
Tel.: 0044-1623822469

British Horological Institute
Upton Hall
Upton
Newark
NG23 5TE
Tel.: 0044-1636-813795
Fax: 0044-1636-812258
E-Mail: info@bhi.co.uk
Website: www.bhi.co.uk/

Vina Cooke Museum of Dolls & Bygone Childhood
The Old Rectory
Cromwell, Near Newark
NG23 6JE
Tel.: 0044-1636-821364

Wasserbehörden:

Inland Waterways Association
North East Region
Fearns Wharf
Neptune Street
Leeds
LS9 8PB
Yorkshire
Tel.: 0044-113-2816800
Fax: 0044-113-2816886

British Waterways Authority
Newark Office
The Kiln Mather Lane
Newark
NG24 1FB
Nottinghamshire
Tel.: 0044-1636-704481
Fax: 0044-1636-705584

Häfen:

Nottingham, Brittania Rowing CLB (Wasser, Sanitäreinrichtungen)

Nottingham, Trent Bridge (Wasser, Sanitäreinrichtungen)

Nottingham, Lady Bay Bridge (Wasser, Sanitäreinrichtungen)

Nottingham, Park Yacht Club (Wasser, Treibstoff, Sanitäreinrichtungen)
Tel.: 0044-115-9506550

Nottingham, Sea Cadet (Wasser, Sanitäreinrichtungen)

Nottingham, Colwick Marina (Wasser, Treibstoff, Sanitäreinrichtungen)
Tel.: 0044-115-9870785

Radcliff, Wharf Lane (Wasser, Sanitäreinrichtungen)

Stoke Bardolph Lock (Wasser, Sanitäreinrichtungen)
Tel.: 0044-115-9871197

Gunthorpe Marina (Wasser, Treibstoff, Sanitär)
Tel.: 0044-115-9664283

West Bridgeford, Holme Cut Lock (Wasser, Sanitäreinrichtungen)
Tel.: 0044-115-9811197

East Bridgeford, Hunts Marina (Wasser, Sanitäreinrichtungen)
Tel.: 0044-1949-20250

Bleasby, Hazelford Lock (Wasser, Sanitäreinrichtungen)
Tel.: 0044-1636-830312

Fiskerton Wharf (Wasser, Sanitäreinrichtungen)

Newark, Town Lock (Wasser, Sanitäreinrichtungen)
Tel.: 0044-1636-702226

Newark, Kings Marina (Wasser, Treibstoff, Sanitäreinrichtungen)
Tel.: 0044-1636-704481

Newark, Nether Lock (Wasser, Sanitäreinrichtungen)
Tel.: 0044-1636-703830

Cromwell Lock (Wasser, Sanitäreinrichtungen)
Tel.: 0044-1636-821213

Torksey Yard (Wasser, Sanitäreinrichtungen)
Tel.: 0044-142-771202

Gainsborough Harbour (Wasser, Sanitäreinrichtungen)
Tel.: 0044-1427-615411

Restaurants:

Ye Olde Trip to Jerusalem
Brewhouse Yard
Nottingham
NG1 6AD
Tel.: 0044-115-9473171
Fax: 0044-115-9501185
(Der älteste Pub Englands.)

Risley Hall – Hotel-Restaurant
Derby Road
Risley
DE72 3SS
Tel.: 0044-115-9399000
Fax: 0044-115-9397766
(Viktorianisches Herrschaftshaus, traditionelle englische Küche.)

Woods – Hotel-Restaurant
St James' Street
Nottingham
NG1 6FJ
Tel.: 0044-115-9411114
Fax: 0044-115-9410014
(Traditionelle englische Küche, sonntags Lunch mit Live-Jazz.)

Hart's
Standard Court
Park Row
Nottingham
NG1 6GN
Tel.: 0044-115-9110666
Fax: 0044-115-9110611
(Moderne Küche.)

Unicorn – Hotel-Restaurant
Gunthorpe Bridge
Gunthorpe
NG14 7FB
Tel.: 0044-115-9663612
Fax: 0044-115-9664801

Grange – Hotel-Restaurant
73 London Road
Newark-on-Trent
NG24 1RZ
Tel.: 0044-1636-703399
Fax: 0044-1636-702328
(Traditionelle englische Küche.)

ENGLAND: GRAND UNION CANAL

»Himmlische Aussichten« in der Kathedrale von Coventry.

ENGLANDS SANFTE MITTE

Zwischen den geschäftigen Städten Leicester im Norden und Coventry im Süden erstreckt sich ein Kanalsystem, das den Reisenden durch eine Landschaft führt, die einem Bilderbuch entsprungen sein könnte: Sanfte Hügel, gesprenkelt von saftigen und blühenden Wiesen, beruhigen den hektischen Blick des Großstädters. Hochherrschaftliche Landsitze säumen den mäandernden Kanal, der alsbald eintaucht in lichte Wälder, die wie verzaubert scheinen: Die milde Sonne tanzt durch das Blätterdickicht, und uralte Weiden streifen mit langen Zweigen das Boot beim Vorüberfahren.

Mitte des 18. Jahrhundert befand sich England sozusagen im »Kanal-Fieber«: Die Binnengewässer bekamen immer größere Bedeutung als Transportwege für Menschen, Tiere und Güter, und bald waren die natürlichen Flussläufe nicht mehr ausreichend. Flussbetten wurden erweitert und zahllose Verbindungskanäle angelegt. So verläuft zum Beispiel der erste Abschnitt Ihrer Reise auf dem kanalisierten Fluss Soar, dessen südliches Ende mit dem von London kommenden Grand Union Canal verbunden wurde – zusammen mit dem River Trent im weiteren Verlauf eine perfekte Binnen-Verbindung zur Humber-Bucht an der Nordsee.

Sie setzen Ihre Reise gen Westen auf dem Oxford Canal und dem Coventry Canal fort. Mit diesen Kanälen schlossen die Ingenieure die florierende Stadt Coventry an den »Great Trunk« (heute: Trent & Mersey Canal) an, eine wichtige Route für den Kohletransport in England. In ihrer Blütezeit waren diese beiden Kanäle die erfolgreichsten des ganzen Landes: Bis ins Jahr

Tour-Daten

Charakter: Typisch englische Landschaften wie aus dem Bilderbuch begleiten Sie auf Ihrer Reise, die von den lebhaften Städten Leicester und Coventry eingerahmt wird. Beeindruckende Kanalbauwerke, die Geburtsstadt des Rugby und die Denkmäler berühmter Frauen wie Prinzessin Diana und Lady Godiva lassen garantiert keine Langeweile aufkommen.

Wasserstraßen: Grand Union Canal – Oxford Canal – Coventry Canal

Strecke: Leicester–Coventry

Dauer: 1 Woche

Länge: 119 km

Anzahl der Schleusen: 51

Anzahl der Tunnel: 4

Größter Tiefgang: 1,80 m

Größte Höhe: 2,30 m

1947 arbeiteten sie mit beträchtlichem Gewinn.
Zahlreiche bis ins 18. Jahrhundert wirtschaftlich relativ unbedeutende Städte erfuhren mit dem »Kanal-Fieber« einen schwunghaften Aufstieg als Handelsknotenpunkte. Noch heute ist beispielsweise in Leicester die glorreiche und wohlhabende Geschichte dieser vergangenen Zeit auf Schritt und Tritt spürbar.
Für viele gehört zu einer Bootsreise auf einem Kanal die Passage eines Tunnels einfach dazu. Auf der hier beschriebenen Tour haben Sie dieses Vergnügen gleich vierfach. Ein kleiner Tipp für die Anfänger unter Ihnen: Ziehen Sie Ihr Regenzeug an, bevor Sie in den Tunnel einfahren! Auch ein Hut oder eine Mütze kann nicht schaden – denn in einem Tunnel ist das Wasser nicht nur unter Ihrem Kiel, sondern es tropft auch von Wänden und Decken.
Die Tour von Leicester nach Coventry gehört zu den landschaftlich schönsten in ganz England. Quirlige Städte zu Beginn und am Ende der Reise, dazwischen tagelanges ruhiges Dahingleiten durch sanfte Hügel, Felder und Wiesen.
Gerade auch die Gourmets unter Ihnen werden in dieser Woche vollends auf ihre Kosten kommen: Unzählige bekannte und unbekannte Käsesorten wie Stilton, der »König der britischen Käse«, Zitronenkäse oder »Stinking Bishop« warten darauf, von Ihnen gekostet zu werden. Sollten Sie Ihre/n Liebste/n an Bord haben, darf »Market Drayton Gingerbread« nicht in Ihrer Bordküche fehlen – diesem Gebäck werden aphrodisierende Fähigkeiten nachgesagt...

Leicester

Bis Foxton: 29 km, 24 Schleusen, 1 Tunnel (805 m)
Sie beginnen Ihre Reise auf dem Grand Union Canal inmitten der größten Stadt der East Midlands. Vom gut ausgestatteten Hafen bis ins Zentrum sind es nur wenige Schritte. Planen Sie ausreichend Zeit für diese faszinierende Stadt ein, die zahllose Sehenswürdigkeiten für Sie bereit hält.
Seit Jahrhunderten ist Leicester ein Treffpunkt der verschiedensten Kulturen. Schon die Römer und später die Dänen nutzten diesen strategisch günstig gelegenen Ort, um die Midlands zu kontrollieren. Seit diesen Zeiten haben sich hier die unterschiedlichsten Kulturen eingefunden

und das Bild der Stadt nachhaltig geprägt. Ein Viertel der Bevölkerung von Leicester besteht aus Einwanderern aus aller Welt. Nicht London, sondern Leicester besitzt die größte asiatische Gemeinde Englands, was sich nicht nur im Straßenbild, sondern vor allem auch auf den Speisekarten der Stadt niederschlägt. Schon Thomas Cook erkannte die multinationale Bedeutung von Leicester und begann 1841 von hier aus seine Tätigkeit als Reiseveranstalter rund um den Globus.

Reisen Sie aber zunächst durch die Jahrhunderte im »New Walk Museum and Art Gallery«: Von Dinosauriern über ägyptische Mumien bis hin zu altem Handwerk und moderner Kunst sind hier alle Epochen vertreten. Der viktorianischen Zeit verschrieben hat sich das Museum »Newarke Houses«, das aus zwei historischen Häusern besteht, dem »Wygston's Chantry House« und dem »Skeffington House«. Im Erdgeschoss wurden eine viktorianische Straßenszene und ein Wohnraum von 1600 nachgestellt. Im Rest des Hauses können Sie die Gerätschaften dieser Zeit bestaunen: Uhren, Spielzeug, Gartengeräte – und die Rikscha von Thomas Cook. Der sehenswerte Garten von Newarke Houses grenzt an die Kirche »St. Mary de Castro« aus dem 17. Jahrhundert. Einst besaß Leicester auch eine eigene mittelalterliche Abtei. Sie wurde jedoch von Heinrich VIII. geschlossen und verfiel über die Jahrhunderte fast vollständig. Lediglich eine Mauer und kleine Nebengebäude sind noch erhalten.

Eine andere Mauer Leicesters ist jedoch wesentlich bekannter: die »Jewry Wall«. Eigentlich ist sie ein Teil eines römisches Bades, das liebevoll restauriert wurde. Zu ihrem Namen »jüdische Mauer« kam sie wohl aufgrund ihrer Ähnlichkeit mit der Klagemauer in Jerusalem. Gleich neben der »Jewry Wall« ist das »Museum of Archaeology« angesiedelt, das die Geschichte von Leicestershire von der Steinzeit bis heute zeigt.

Lediglich 600 Jahre alt ist die »Guildhall«, eines der besterhaltenen Häuser mit einer typisch britischen Fachwerkfassade. Typisch britisch sind auch die Gespenster, die hier umgehen sollen: Mindestens fünf wurden gezählt und machen die Guildhall damit zu dem Haus mit dem höchsten Spukfaktor in ganz Leicester.

Das »Museum of Science and Technology« von Leicester ist

In der Schleusentreppe von Foxton.

allein schon wegen seines Gebäudes einen Besuch wert: Die »Abbey Pump Station«, eine Kläranlage aus dem 19. Jahrhundert. Die gigantischen, dampfgetriebenen Pumpen sind noch heute funktionstüchtig.

Besuchen Sie zum Abschluss Ihres Aufenthaltes eines der vorzüglichen asiatischen Restaurants von Leicester – Sie ersparen sich damit eine Reise um die halbe Welt.

Auf Ihrer Weiterfahrt lassen Sie die städtische Umgebung bald hinter sich und tauchen ein in die Idylle der typisch englischen »Countryside«. Machen Sie nach der Hälfte der zahlreichen Schleusen auf diesem Reiseabschnitt Halt in Wigston, einer kleinen Vorstadt von Leicester, die die Spuren zahlreicher Jahrhunderte trägt: Eine Kirche aus dem 14. Jahrhundert, Häuser aus dem 18. Jahrhundert und eine Kapelle aus normannischen Zeiten.

Kurz hinter Fleckney erreichen Sie den Saddington Tunnel (805 m), der bei Naturfreunden ganz besonders wegen seiner hier ansässigen Fledermauspopulation beliebt ist.

Foxton

Bis Welford: 12 km, 10 Schleusen, 1 Tunnel (1066 m)

Als eine der großen Attraktionen des Kanals besitzt Foxton natürlich einen Hafen mit bester Infrastruktur. Ihre Bordverpflegung können Sie bei einem Bummel durch das Städtchen in romantischen kleinen Tante-Emma-Läden auffüllen.

Foxton besitzt zwei Sehenswürdigkeiten, die für den Bootsurlauber von ganz besonderem Interesse sind: Die eine ist das »Foxton Inclined Plane«, eine

Vorrichtung von 1900, um die Schleusen zu umgehen. Schiffe fuhren in einen Wassertank, wurden seitwärts auf Schienen gehoben, um am Ende der Schleusentreppe wieder in den Kanal gesetzt zu werden. Die Schleusenzeit verminderte sich auf diese Weise von 70 auf nur 12 Minuten. Mit abnehmender wirtschaftlicher Bedeutung des Kanals wurde dieses Wunderwerk der Technik leider außer Betrieb gesetzt, jedoch wird es zur Zeit restauriert und kann im »Foxton Canal Museum« gebührend bestaunt werden.

Die andere relevante Sehenswürdigkeit von Foxton werden Sie bei der Weiterfahrt am eigenen Leibe erleben: Die zehnstufige Schleusentreppe.

Aber machen Sie zunächst noch einen Ausflug nach Market Harborough (9,5 km). Wie der Name schon vermuten lässt, ist das Städtchen seit dem 13. Jahrhundert ein ländlich gelegener Marktflecken. Das romantische Zentrum schart sich um die Kirche »St. Dionysius« aus dem 14. Jahrhundert. Besonders sehenswert ist auch die »Town Hall«, deren bleiverglaste, venezianische Fenster in ganz England ihresgleichen suchen.

Nach Bewältigung der Schleusentreppe erreichen Sie nach nur wenigen Kilometern den »Husbands Bosworth Tunnel«, der im Jahre 1813 eröffnet wurde.

Welford

Bis Norton Junction: 25 km,
7 Schleusen, 1 Tunnel (1397 m)

Sie erreichen den kleinen, aber feinen Hafen von Welford über den Abzweig »Welford Arm«.

Auch Welford ist eine typische kleine englische Stadt mit großer Geschichte. Schon die Römer bestellten vom 2. bis 4. Jahrhundert hier die Felder, und im 17. und 18. Jahrhundert war Welford ein bedeutender Halt für Postkutschen auf Ihrem Weg zwischen Leicester und London. Eingang in die Schulbücher fand Welford durch die »Battle of Naseby« im Jahr 1645, als Oliver Cromwell hier die königlichen Truppen besiegte und damit dem Bürgerkrieg ein Ende setzte.

Nicht weit von Welford entfernt liegt »Althorp«, das Landgut der Familie Spencer. Die berühmteste Tochter der Familie, Lady Diana, liegt nach ihrem tragischen Tod hier begraben.

Der »Crick Tunnel« wurde im Jahr 1814 eröffnet. Treibsand stellte die Ingenieure bei seinem Bau vor größte Schwierigkeiten.

Der Grand Union Canal bei Braunston.

Norton Junction

Bis Braunston: 7 km, 6 Schleusen, 1 Tunnel (1847 m)
Bei Norton Junction biegen Sie gen Osten ab Richtung Braunston, wo der Grand Union Canal in den Oxford Canal einmündet. Auch beim Bau des »Braunston Tunnel« hatten die Ingenieure mit Treibsand zu kämpfen, und aufgrund dieser Bodenbeschaffenheit erhielt der Tunnel seine außergewöhnliche S-Form.

Braunston

Bis Rugby: 18 km, 3 Schleusen
An der Braunston Junction nehmen Sie wieder Kurs Richtung Norden und fahren nun auf dem Oxford Canal.

Rugby

Bis Hawkesbury Junction: 19 km, 1 Schleuse
Der Hafen von Rugby versorgt Sie mit allem Notwendigen – im gut sortierten Shop erhalten Sie auch Karten und Bücher über den Kanal.
Willkommen in Rugby, der Geburtsstätte des gleichnamigen Fußball-Spiels. Seit 1567 dreht sich das Leben in der einstmaligen Markt- und Eisenbahnstadt zum großen Teil um diesen Sport. Kulturell Interessierte können sich zwar im »Museum of Country Bygones Trust« über das ländliche Leben in Warwickshire während der letzten zwei Jahrhunderte informieren, doch

der Sportfan wird einen Besuch im »James Gilbert Rugby Football Museum« oder dem »Rugby School Museum« vorziehen.

Hawkesbury Junction

Bis Coventry: 9 km
An der Hawkesbury Junction verlassen Sie den Oxford Canal und begeben sich Richtung Süden auf dem Coventry Canal zur gleichnamigen Stadt.

Coventry

Der Hafen von Coventry mit seiner exzellenten Infrastruktur ist der Endpunkt Ihrer Reise. Die nach der fast vollständigen Zerstörung im Zweiten Weltkrieg liebevoll restaurierte Altstadt schlängelt sich in kleinen Gässchen rund um die »Coventry Cathedral«. Das Gotteshaus wurde ursprünglich im 11. Jahrhundert von der berühmten Lady Godiva und ihrem Gatten, dem Grafen Leofric, als Abtei gegründet. Der Nachkriegs-Neubau der Kathedrale besticht vor allem durch seine prachtvolle Innenausstattung und seine atemberaubenden Glasfenster. In der »Herbert Art Gallery and Museum« können Sie neben 1000 Jahren Lokalhistorie selbstverständlich auch die Geschichte von Lady Godiva erfahren: Ihr hartherziger Ehemann Leofric verachtete das gemeine Volk und knechtete es unter anderem mit horrenden Steuerforderungen. Lady Godiva hatte Mitleid und wollte ihrem Mann die Ehrbarkeit ihrer Landsleute beweisen: Sie würde nackt durch die Stadt reiten, und wenn kein Bürger sie dabei ansähe, sollte die Steuerlast gemindert werden. Wer hätte es gedacht: Ihr Plan funktionierte, und Leofric hielt Wort. Eine Statue von Lady Godiva (19. Jhd.) können Sie in der »Saint Mary's Guildhall« besichtigen.

Vom Wasser wieder auf festes Land zurückgekehrt, sollten Sie unbedingt dem »Museum of British Road Transport«, der vermutlich weltgrößten Ausstellung von britischen Autos, Fahrrädern und Motorrädern, einen Besuch abstatten. Eines der ältesten noch erhaltenen Häuser von Coventry (1352) beherbergt das »Coventry Toy Museum«, das sich auf Blechspielzeug der letzten Jahrhunderte spezialisiert hat.

Lassen Sie Ihre geruhsame Reise durch Englands grüne Mitte ausklingen in einem der vorzüglichen Restaurants der Stadt.

INFO GRAND UNION CANAL

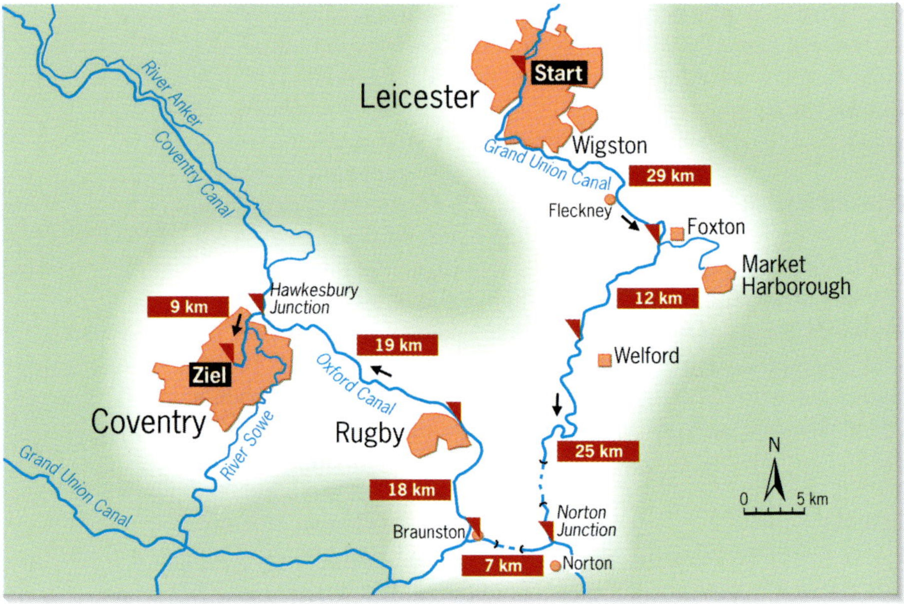

Adressen

Touristische Informationen:

Urlaubsservice Großbritannien
Westendstr. 16-22
60325 Frankfurt
Tel.: 01801-468642
Fax: 069-97112444
E-Mail: gb-info@bta.org.uk

Leicestershire County Council
County Hall, Glenfield
Leicester
LE3 8RA
Tel.: 0044-116-2323232
E-Mail:
information@leics.gov.uk

Tourist Information Centre
Town Hall Square
Leicester
LE1 6ZG
Tel.: 0044-116-2998888
Fax: 0044-116-2254050

Harborough Tourist Information
The Council Offices
Adam & Eve Street
Market Harborough
LE16 7AG
Tel.: 0044-1858-821270

Rugby Tourism Information
Center
Rugby Visitor Centre
4 Lawrence Sheriff Street
Rugby
CV22 5EJ
Tel.: 0044-1788-534970
Fax: 0044-1788-534979
E-Mail:
visitor.centre@rugby.gov.uk
Website: www.rugby.gov.uk

Coventry Tourism Information
Center
Bayley Lane
Coventry
CV1 5RN
Tel.: 0044-24-76227264
Fax: 0044-24-76227255
E-Mail: tic@coventry.org

Sehenswürdigkeiten:

Althorp
Northampton
NN7 4HQ
Tel.: 0044-1604-772110
E-Mail: mail@althorp.com

New Walk Museum and Art
Gallery
53 New Walk
Leicester
LE1 7EA
Tel.: 0044-116-2554100

The Jewry Wall Museum & Site
St. Nicholas Circle
Leicester
LE1 4LB
Tel.: 0044-116-2473021

Newarke Houses Museum
Leicester
LE2 7BY
Tel.: 0044-116-247-3222

The Guildhall
Guildhall Lane
Leicester
LE1 5FQ
Tel.: 0044-116-2532569

Abbey Pumping Station
Museum
Corporation Road
Leicester
LE4 5PX
Tel.: 0044-116-2995111
Fax: 0044-261-3063

Foxton Canal Museum
Middle Lock
Gumley Road
Foxton
Market Harborough
LE16 7RA
Tel.: 0044-116-2792657
E-Mail: mike@foxcm.free-
serve.co.uk

Museum of Country Bygone Trust
Louisa Ward Close
Marton
Rugby
CV23 9SA
Tel.: 0044-1926-633361

James Gilbert Rugby Football Museum
5 St Matthews Street
Rugby
CV21 3BY
Tel.: 0044-1788-333889
Fax: 0044-1788-540795
Website: www.james-gilbert.com

Rugby School Museum
10 Little Church Street
Rugby
CV21 3AW
Tel.: 0044-1788-556109
Fax: 0044-1788-556228

Coventry Cathedral
7 Priory Row
Coventry
CV1 5ES
Tel.: 0044-24-76227597
Fax: 0044-24-76631448
E-Mail: information@coventry-cathedral.org
Website: www.coventrycathedral.org

Herbert Art Gallery and Museum
Jordan Well
Coventry
CV1 5QP
Tel.: 0044-24-76832565
Fax: 0044-24-76832410
E-Mail:
ann.walker@coventry.gov.uk

Museum of British Road Transport
Hales Street
Coventry
CV1 1PN
Tel.: 0044-24-76832425
Fax: 0044-24-76832465

The Coventry Toy Museum
Whitefriars Gate
Much Park Street
Coventry
CV1 2LT
Tel.: 0044-24-76227560

Wasserbehörden:

British Waterways Authority
North East Region
Fearns Wharf
Neptune Street
Leeds
LS9 8PB
Tel.: 0044-113-2816800
Fax: 0044-113-2816886

British Waterways Authority
Midlands & South West Region
Peel's Wharf
Lichfield Street

Fazeley
B78 3QZ
Tel.: 0044-1872-252000
Fax: 0044-1827-288071

British Waterways Authority
Sawley Marina Office
Sawley Marina
Sawley
NG10 3AE
Tel.: 0044-115-9734278
Fax: 0044-115-9462129

British Waterways Authority
Braunston Office
The Stop House
Braunston
NN11 7JQ
Tel.: 0044-1788-890666
Fax: 0044-1788-890222

Häfen:

Leicester, Marina (Wasser, Treibstoff, Sanitäreinrichtungen)

Leicester, Waterside Centre (Wasser, Sanitäreinrichtungen)

Kilby Bridge Res (Wasser, Sanitäreinrichtungen)

Kilby Bridge Wharf (Wasser, Treibstoff, Sanitäreinrichtungen)

Kilby Bridge Towpath (Wasser, Sanitäreinrichtungen)
Tel.: 0044-115-9734278

Newton Harcourt (Wasser, Sanitäreinrichtungen)
Tel.: 0044-115-9734278

Debdale Wharf (Wasser, Treibstoff, Sanitäreinrichtungen)
Tel.: 0044-116-2793034

Foxton Boat Services (Wasser, Treibstoff, Sanitäreinrichtungen)
Tel.: 0044-116-2792285

Kilworth Wharf (Wasser, Treibstoff, Sanitäreinrichtungen)
Tel.: 0044-1858-880484

Yelvertoft Resident (Wasser, Sanitäreinrichtungen)

Yelvertoft Towpath (Wasser, Treibstoff, Sanitäreinrichtungen)
Tel.: 0044-1788-890666

Crick Marina (Wasser, Treibstoff, Sanitäreinrichtungen)
Tel.: 0044-1788-824056

Crick Wharf (Wasser, Treibstoff, Sanitäreinrichtungen)
Tel.: 0044-1788-822115

Braunston Puddlebank (Wasser, Treibstoff, Sanitäreinrichtungen)
Tel.: 0044-1788-890666

Rugby, Napton Marina (Wasser, Treibstoff, Sanitäreinrichtungen)
Tel.: 0044-1926-813644

Hillmorton Bottom (Wasser, Treibstoff, Sanitäreinrichtungen)
Tel.: 0044-1788-890666

Hillmorton Locks (Wasser, Sanitäreinrichtungen)
Tel.: 0044-1788-890666

Newbold Long Term (Wasser, Treibstoff, Sanitäreinrichtungen)
Tel.: 0044-1788-890666

Brinklow Junction (Wasser, Sanitäreinrichtungen)
Tel.: 0044-1788-890666

Ansty Towpath (Wasser, Sanitäreinrichtungen)
Tel.: 0044-1788-890666

Wyken Arm (Wasser, Treibstoff, Sanitäreinrichtungen)
Tel.: 0044-2476-617090

Hawkesbury Junction (Wasser, Treibstoff, Sanitäreinrichtungen)
Tel.: 0044-1823-790236

Coventry, Club Line CRS (Wasser, Treibstoff, Sanitäreinrichtungen)
Tel.: 0044-1203-258864

Restaurants:

Cherry's – Hotel-Restaurant
De Montfort Street
Leicester
LE1 7GR
Tel.: 0044-116-2544773
Fax: 0044-116-2470804
(Klassische britische Küche.)

Ramada Jarvis Leicester – Hotel-Restaurant
73 Granby Street
Leicester
LE1 6ES
Tel.: 0044-116-2555599
Fax: 0044-116-2544736
(Strikt traditionelle englische Küche.)

Kabalou's – Hotel-Restaurant
23-25 Loughborough Road
Leicester
LE4 5LJ
Tel.: 0044-116-2682626
Fax: 0044-116-2682641
(Original indische Gerichte.)

Truffles
13 Allandale Road, Stoneygate
Leicester
LE2 2DA
Tel.: 0044-116-2448235
Fax: 0044-116-2745516
(Englische und französische Küche der Saison, Weinproben.)

Leicester Stage Hotel
299 Leicester Road
Wigston Fields
LE18 1JW
Tel.: 0044-116-2886161
Fax: 0044-116-2811874

The Brasserie – Hotel-Restaurant
High Street
Market Harborough
LE16 7NL
Tel.: 0044-1858-462702
Fax: 0044-1858-410464
(Mediterrane Küche.)

Brownsover Hall – Hotel-Restaurant
Brownsover Lane
Rugby
CV21 1HU
Tel.: 0044-1788-546100
Fax: 0044-1788-579241
(Halle im gotischen Stil aus dem 19. Jh., traditionelle britische Küche.)

The Grosvenor – Hotel-Restaurant
81-87 Clifton Road
Rugby
CV21 3QQ
Tel.: 0044-1788-535686
Fax: 0044-1788-541297
(Englische und kontinental inspirierte Küche.)

Posthouse Coventry – Hotel-Restaurant
Hinckley Road, Walsgrave
Coventry
CV2 2HP
Tel.: 0044-870-4009021
Fax: 0044-2476-621736

Brooklands Grange
Holyhead Road
CV5 8HX
Coventry
Tel.: 0044-2476-601601
Fax: 0044-2476-601277
(Viktorianisches Restaurant, traditionelle Küche.)

Ibis – Hotel-Restaurant
Mile Lane
CV1 2LN
Coventry
Tel.: 0044-2476-250500
Fax: 0044-2476-553548
(Ehemalige viktorianische Radfabrik.)

ENGLAND: LEEDS & LIVERPOOL CANAL

Liverpool, Stadt der Superlative: Blick aus dem Hafen auf die größte anglikanische Kirche Englan

YELLOW SUBMARINE

Nein, Sie müssen auf dieser Reise nicht untertauchen, ganz im Gegenteil. Dafür ist die Gegend über und am Wasser auch viel zu reizvoll. Hügelige grüne Landschaften ziehen an Ihnen vorbei; kaum mag man meinen, dass hier einst ein bedeutendes Kohleabbaugebiet war. Zahlreiche alte Mühlen und Lagerhäuser am Ufer zeugen noch von dieser Zeit. Weit ins Land reichende Felder und Wiesen werden immer wieder unterbrochen von kleinen Wäldchen, in denen sich manch prunkvoller Landsitz versteckt.

Der Leeds and Liverpool Canal ist mit seinen 205 Kilometern (ohne die Abzweigungen) der längste »reine« Kanal in Großbritannien. Sein Bau im 18. und 19. Jahrhundert kostete 1,2 Millionen Pfund, und es dauerte über 40 Jahre bis zu seiner Fertigstellung, woran der Ausbruch des Krieges zwischen England und Frankreich Ende des 18. Jahrhunderts nicht ganz unschuldig war. Die staatlichen Gelder wurden an anderer »Front« gebraucht. Auch konnte der Kanal nie die erwarteten Einnahmen erbringen, denn obwohl entlang seiner Strecke zahlreiche Wasserreservoirs ausgehoben wurden, konnte es passieren, dass er am Ende sehr trockener Sommer für die Schifffahrt geschlossen werden musste. So verlegten sich immer mehr Transportunternehmer auf die mittlerweile äußerst erfolgreiche Eisenbahn, bis im Jahr 1972 die Berufsschifffahrt mit einer letzten Kohlelieferung nach Wigan endgültig eingestellt wurde. Für Sie als Bootsurlauber ist dies natürlich – gerade wenn Sie Anfänger in dieser Art des Reisens sind – nur von Vorteil: Zahlreiche Bauwerke und Einrichtungen entlang des Ka-

Tour-Daten

Charakter: Eindeutige Highlights dieser Reise sind sicherlich die Beatles-Stadt Liverpool und Manchester, die Heimat des berühmten Fußballclubs und »Keimzelle« der industriellen Revolution. Auch die Landschaft entlang der Kanäle ist grün und abwechslungsreich – kaum sollte man meinen, dass hier noch vor wenigen Jahren Kohle abgebaut wurde.

Wasserstraßen: Leeds & Liverpool Canal – Bridgewater Canal

Strecke: Liverpool–Manchester

Dauer: 1 Woche

Länge: 93 km

Anzahl der Schleusen: 17

Größter Tiefgang: 2,40 m

Größte Höhe: 3,20 m

nals, die ursprünglich für die Kanalschiffer erbaut wurden, stehen Ihnen nun zur freien Verfügung, und die anderen Verkehrsteilnehmer sind ausschließlich gleichgesinnte Freizeitkapitäne.

Kurz vor Manchester verlassen Sie den Leeds and Liverpool Canal und erreichen die Stadt auf dem Bridgewater Canal. Dieser Kanal erhielt seinen Namen nach seinem Erbauer, Francis Egerton, dem dritten Duke of Bridgewater. In vielerlei Hinsicht war der Bridgewater Canal ein Pionier des englischen Kanalbaus: Er war der erste, der völlig unabhängig von natürlichen Flussläufen geschaffen wurde, und die wohl größte technische Meisterleistung bestand darin, dass er vollends schleusenfrei gebaut wurde. Selbst die Kreuzung mit dem River Irwell bewältigte er mit einem Aquädukt. Das ursprüngliche Stein-Aquädukt ist leider nicht mehr erhalten; an seine Stelle ist das »Barton Swing Aqueduct« getreten, eine gigantische Stahlkonstruktion, die pro Vorgang eine Masse von 1500 Tonnen bewegt, davon allein 800 Tonnen an Wasser. Da der Bridgewater Canal dank der gesellschaftlichen Position seines Erbauers zahlreiche Fürsprecher im Parlament besaß, konnte die Eisenbahn nie eine wirkliche Konkurrenz für ihn darstellen. Bis zum Jahr 1974, als die Berufsschifffahrt hier eingestellt wurde, war er eine der wenigen wirtschaftlich wirklich erfolgreichen Wasserstraßen Englands.

Bei der nun folgenden Tour kommen Sie also in den Genuss gleich zweier für ganz England außergewöhnlicher Kanäle. Zusammen mit dem Start- und dem Zielpunkt, den faszinierenden Metropolen Liverpool und Manchester im Nordwesten der Insel, werden Ihre Hausbootferien zu einem unvergesslichen Erlebnis werden.

Liverpool

Bis Maghull: 20 km

Rollen Sie den Kanal von hinten auf: Am Endpunkt in Liverpool beginnt Ihre Reise im komfortablen Hafen der Stadt. Selbstredend haben Sie in der City selbst alle nur denkbaren Einkaufsmöglichkeiten.

Der beste Ausgangspunkt, um diese lebendige Stadt an der gleichnamigen Bucht, der »Liverpool Bay«, kennen zu lernen sind sicherlich die »Alber Docks«. Eröffnet im Jahr 1846 dienten sie lange Jahre als Spe

Der Anleger am Wahrzeichen von Liverpool, den »Albert Docks«.

:her für Güter aus aller Welt. Heute beherbergen die Häuser direkt am Kai Büros, Wohnungen, Restaurants, Geschäfte und Kultur, Kultur, Kultur... So zum Beispiel die ständige Ausstellung »The Beatles Story Experience«, ein Tribut an die wohl berühmtesten Söhne der Stadt. Nach der Besichtigung des »Yellow submarine« können Sie in einem Nachbau des Busses aus dem Film »Magical Mystery Tour« eine zweistündige Rundfahrt durch die ehemalige Heimat der »fab four« machen: Besuchen Sie das Geburtshaus von John Lennon und sehen Sie, wo Ringo Starr die Schulbank drückte.

Ebenfalls in den Albert Docks beheimatet ist das »Merseyside Maritime Museum«, das sich mit der Geschichte Liverpools als (Hafen-)Tor zur Welt beschäftigt. Nicht nur Modellschiffe und Marine-Equipment sind hier zu besichtigen, auch die weniger rühmlichen Momente des Hafens werden kritisch beleuchtet: Neun Millionen Emigranten verließen über Liverpool zwischen 1830 und 1930 das Land, und zu Zeiten des Sklavenhandels war Liverpool ein beliebter »Umschlagplatz« für die menschliche Fracht. Eine eineinhalbstündige Führung, der »Slavery History Trail«, bringt Sie zu den wichtigsten Orten dieses dunklen Kapitels der Stadtgeschichte. Ebenfalls im »Maritime Museum« untergebracht ist das »HM Customs & Excise National Museum«. Der wohl niemals endende Kampf zwischen Zöllnern und Schmugglern ist hier in seiner Entwicklung von 1700 bis heute auf vergnügliche Art und Weise dargestellt.

Neben dem Besuch des »Liverpool Museum« für Stadtgeschichte sei Ihnen unbedingt das »Conservation Centre« empfohlen, das 1998 zum europäischen Museum des Jahres gewählt wurde: Beobachten Sie Restaurateure und Konservatoren bei ihrer filigranen Arbeit beispielsweise an einem mumifizierten ägyptischen Krokodil oder einer seltenen Kopie der Mona Lisa aus dem 16. Jahrhundert.

Nach all dieser Kultur mag Ihnen nach etwas Kontemplation zumute sein – besuchen Sie die »Liverpool Anglican Cathedral«, die größte anglikanische Kirche Großbritanniens. Superlative, wohin man sieht: Die höchsten gotischen Bögen, die größte Orgel, der schwerste Glockenstuhl... Jeden Sonntagmorgen können Sie den Glöcknern bei ihrer Arbeit über die Schulter schauen. – Im Refektorium der Kathedrale ist übrigens ein stilvolles Restaurant eingerichtet, in dem Sie sich vor Ihrem weiteren Rundgang durch die Stadt stärken können.

Ein Muss für alle Fußballfreunde ist selbstverständlich ein Besuch beim »Liverpool Football Club«, auf dessen Gelände sich ein eigenes Museum befindet. Danach können sie einen erlebnisreichen Tag in Liverpool ausklingen lassen mit dem Besuch eines der zahlreichen chinesischen Restaurants in Europas ältester »Chinatown«. Eine handgeschnitzte Pagode mit 200 Drachen weist Ihnen den Weg. Und wenn Sie nach dem vorzüglichen, authentischen Essen noch nicht müde sind, bietet sich ein letzter Drink im »Cavern Club« an, in dem die Beatles seinerzeit ihre Karriere starteten.

Nach einem (oder mehreren) ereignisreichen Tag in Liverpool machen Sie sich auf den Weg den Kanal hinauf. Nach schleusenfreien 20 Kilometern erreichen Sie den Anleger des Städtchens Maghull.

Maghull

Bis Burscough: 19 km

Sollten Sie im Frühjahr reisen kann es passieren, dass Sie Zuschauer werden beim berühmten Hindernisrennen »Grand National Steeplechase«, das auf den freien Feldern rings um die Stadt ausgetragen wird. Aber auch außerhalb der Saison für Pferderennen ist Maghull einen Besuch wert: Die »St. Andrew's Church« beherbergt auf ihrem Gelände die angeblich älteste Kapelle der Grafschaft Merseyside. »Maghull Chapel« wurde in den Jahren 1200 bis 1220 erbaut und wird liebevoll erhalten.

Burscough

Bis Wigan: 17 km, 6 Schleusen
Burscough ist ein idealer Ort, um nach den langen Kilometern auf dem Wasser wieder einmal Land unter die Füße zu bekommen. Legen Sie im Hafen mit bester Infrastruktur an und machen Sie sich auf, die Reste einer ehemaligen Abtei, der »Burscough Priory«, zu entdecken. Ein etwas längerer Spaziergang führt Sie in das Naturschutzgebiet »Martin Mere« inmitten der Flussauen. Nehmen Sie Ihr Fernglas mit und lassen Sie beim Beobachten der seltenen Wasservögel die Ruhe des Marschlandes auf sich wirken.
Auf Ihrer Weiterreise können Sie einen Abstecher über einen Zweigkanal, den Rufford Branch, zur gleichnamigen Stadt Rufford machen (5 km, 7 Schleusen). Lassen Sie sich verzaubern von dem pittoresken Städtchen, dessen Häuser fast alle weiße Fassaden tragen. Neben der gotischen Kirche ist vor allem die »Rufford Old Hall« einen Besuch wert: Das mittelalterliche Holzhaus im Tudor-Stil beherbergt in seinem Innern wertvolle Waffen, Rüstungen und Wandbehänge aus dem 17. Jahrhundert.

Wigan

Bis Leigh: 12 km, 2 Schleusen
Wigan war einst eine blühende Industriestadt, die ihren Reichtum auf die hier allgegenwärtige Kohle gründete. Selbstverständlich besaß sie auch einen Hafen, der noch heute die Sportbootfahrer mit seiner exzellenten Infrastruktur lockt. Der »Wigan Pier« sollte aufgrund seines Namens nicht mit anderen englischen Piers verwechselt werden: Hier traf man im viktorianischen Zeitalter keine feinen Damen, die mit Sonnenschirmchen an den Ufern lustwandelten, sondern der Pier wurde zur Kohleverladung genutzt. Seit dieser Industriezweig nicht mehr betrieben wird, haben sich in den alten Lagerhallen am Flussufer verschiedenste Kultureinrichtungen niedergelassen: Erfahren Sie das Leben in einer Bergar-

beiterstadt um 1900 im Museum »The Way We Were« oder lassen Sie sich faszinieren von Anblick, Lärm und Geruch einer noch heute funktionierenden Dampfmaschine. Das »Opies Museum of Memories« erzählt vom Leben in England seit der industriellen Revolution.

Leigh

Bis Barton: 13 km
Auch Leigh ist, ähnlich wie Wigan, eine Stadt, die ihre Glanzzeit während der industriellen Revolution hatte. Man sollte es kaum glauben, aber offensichtlich verstärkt Kohlestaub die musischen Talente: Liverpool brachte die Beatles hervor, und in Leigh wurden der »Caruso von Lancashire«, der Tenor Tom Burke (1890), und der Jazz-Pianist und Sänger Georgie Fame (1943) geboren. Nicht mit der Stimme, sondern mit den Fäusten kämpfte ein anderer berühmter Sohn der Stadt: Der Boxer Peter Kane, Weltmeister im Fliegengewicht von 1938 bis 1943. Von seinen 137 Profikämpfen gewann er sage und schreibe 127!
Auf Ihrem Weg den Leigh Branch des Leeds and Liverpool Canal hinauf merken Sie, wie das Wasser langsam eine andere Farbe annimmt: Das im Boden reich vorhandene Eisenerz färbt den Kanal ocker.
Sie verlassen auf der Höhe von Barton nun den Leeds and Liverpool Kanal und legen das letzte Stück Ihrer Reise bis Manchester auf dem Bridgewater Canal Richtung Norden zurück.

Barton

Bis Manchester: 12 km, 9 Schleusen
Machen Sie an der Brücke in Patricroft kurz vor Barton fest und spazieren Sie die wenigen hundert Meter bis zu einer der größten Meisterleistungen der Kanalbaukunst: Dem »Barton Swing Aquedukt«. Noch heute funktioniert es so ruhig und leise wie am ersten Tag. Dabei bewegt es pro Vorgang ein Gewicht von 1500 Tonnen, wovon allein 800 Tonnen auf das enthaltene Wasser entfallen. Das ursprüngliche Steinaquädukt aus dem Jahr 1765 wurde ab- und ein Stückchen den Kanal hinab wieder aufgebaut, wo es zwar keine Funktion mehr erfüllt, aber dem noch einen guten Eindruck von der Kreativität der Ingenieure vor fast 300 Jahren vermittelt.

Manchester

In Manchester angekommen, vertäuen Sie Ihr Boot im Hafen und machen sich auf, eine von Englands schönsten viktorianischen Städten zu erkunden. Seit dem 16. Jahrhundert wuchs der Reichtum Manchesters dank seiner Textilindustrie – Wolle und später auch Baumwolle wurden hier zu den feinsten Garnen und Stoffen gesponnen. Kein anderer Ort auf der Welt wäre besser geeignet gewesen, die industrielle Revolution auszulösen, die mit der Erfindung der »Jenny Spinnmaschine« ihren Anfang nahm. Innovativ war auch die Eisenbahngesellschaft: 1830 eröffnete sie hier die erste Passagier-Linie der Welt von Manchester nach Liverpool. Doch damit nicht genug der Superlative: 1903 gründete die Suffragette Emmaline Pankhurst die »Women's

ei einer Reise auf dem Wasser läßt sich eine Stadt ganz neu entdecken:
erschwiegene Winkel in Manchester.

Social & Political Union« (besuchen Sie das Museum »Pankhurst Centre«), 1919 beobachtete der Physiker Rutherford in seinem Labor in Manchester zum ersten Mal die Atomspaltung, 1948 erblickte der erste Computer hier das Licht der Welt, und nicht zuletzt ist der Fußballclub »Manchester United« der größte der Welt.

Erforschen Sie die faszinierende Geschichte Manchesters in seinen zahllosen Museen – dem »Museum of Science & Industry in Manchester« zum Beispiel, oder dem »Macclesfield Silk Museum«, das die Geschichte der Seidenindustrie beschreibt. Sehr sehenswert sind auch das Hutmuseum oder die »Gallery of English Costume«: Kleider und Accessoires von 1660 bis heute sind hier zu bewundern. Einem außergewöhnlichen Thema widmet sich das »Greater Manchester Police Museum«: In einer viktorianischen Polizeistation untergebracht, zeigt das Museum 150 Jahre Geschichte englischer Polizeiarbeit.

Sie wollten immer schon einmal Filmstar werden? Dann besuchen Sie die »Granada Studios« und lassen Sie sich durch die Kulissen beliebter englischen Fernsehserien und Kinofilme führen. Musikliebhaber dagegen kommen in der neuen »Bridgewater Hall« auf ihre Kosten: Erkundigen Sie sich nach den Terminen des »Manchester Philharmonic Orchestra«. Aber auch ein Konzert auf der riesigen Marcussen-Orgel ist ein ganz besonderes Erlebnis.

Kehren Sie zum Abschluss zurück in die romantische Altstadt und lassen Sie Ihren Tag in Manchester ausklingen in der »Manchester Cathedral«, die schon im Mittelalter erbaut und unter Königin Viktoria restauriert wurde. Hier finden regelmäßig Konzerte des »Cantata Choir« statt. Wenn sich die Dunkelheit über die Stadt senkt, spazieren Sie durch den Innenhof der »Manchester Town Hall« und fühlen sich mit dem Kopfsteinpflaster unter Ihren Füßen und den Gaslampen über Ihren Köpfen zurückversetzt in das goldene Zeitalter Englands.

Adressen

Touristische Informationen:

Urlaubsservice Großbritannien
Westendstr. 16-22
60325 Frankfurt
Tel.: 01801-468642
Fax: 069-97112444
E-Mail: gb-info@bta.org.uk

Tourist Information Centre
Queens Square Centre
Liverpool
Tel.: 0044-151-7095111

Wigan Tourist Information
Centre
Trencherfield Mill
Wigan
WN3 4EL
Tel.: 0044-1942-825677
E-Mail:
infounit@wiganmbc.gov.uk

Manchester Tourist
Information Office
Town Hall Extension
Lloyd Street
Manchester
M60 2LA
Tel.: 0044-161-2343157
Fax: 0044-161-2369900
Website:
www.manchester.gov.uk

Sehenswürdigkeiten:

Merseyside Maritime Museum
Albert Dock
Liverpool
L3 4AQ
Tel.: 0044-151-4784499
E-Mail:
maritimemuseum@nmgm.org

Liverpool Museum
William Brown Street
Liverpool
L3 8EN
Tel.: 0044-151-4784399
E-Mail:
liverpoolmuseum@nmgm.org

Albert Dock
Riverside Walk
Liverpool
L3 4AG
Tel.: 0044-151-7088854
E-Mail:
askme@visitliverpool.com
Website: www.albertdock.com

The Beatles Story Experience
Britannia Vaults
Albert Dock
Liverpool
L3 4AD
Tel.: 0044-151-7091963

Beatles Magical Mystery Tour
Mersey Tourism
Cunard Buildings Pier Head
Liverpool
L3 1ET
Tel.: 0044-151-2373925
Fax: 0044-151-2272325
E-Mail: cavern@fsbdial.co.uk

Liverpool Anglican Cathedral
Upper Duke Street
Liverpool
L1 7AZ
Tel.: 0044-151-7096271

Liverpool Cathedral Guild of
Bell Ringers
Anglican Cathedral
Upper Duke Street
Liverpool
L1 7AZ
Tel.: 0044-151-7096271

The Cavern Club
8-10 Mathew Street
Liverpool
L2 6RE
Tel.: 0044-151-2361964

Chinatown – The Chinese
Arch
Nelson Street
Liverpool
L1 2OH
Tel.: 0044-151-7088833

Slavery History Trail
Merseyside Maritime Museum
Albert Dock
Liverpool
L3 4AQ
Tel.: 0044-151-4784499

Rufford Old Hall
Rufford
Tel.: 0044-1704-821254

Barton Swing Aqueduct
Chapel Place, Off Redclyffe Road
Barton-upon-Irwell
Trafford, Manchester, M17
Tel.: 0044-161-9125931

Manchester Town Hall
Albert Square
Manchester
M60 2LA
Tel.: 0044-161-2345000
Fax: 0044-161-2365909
E-Mail: city-council@manchester.gov.uk

Manchester Cathedral
Victoria Street
Manchester
M3 1SX
Tel.: 0044-161-8332220

The Bridgewater Hall
Lower Mosley Street
Manchester
M2 3WS
Tel.: 0044-161-9079000
Fax: 0044-161-9500001
E-Mail: box@bridgewater-hall.co.uk

Granada Studio Tours
Water Street
Manchester
M60 9EA
Tel.: 0044-161-8324999

Museum of Science & Industry in Manchester
Liverpool Road
Castlefield
Manchester
M3 4FP
Tel.: 0044-161-8321830

Stockport Hat Works Museum
Wellington Mill
Stockport
Manchester
SK3 0EU
Tel.: 0044-161-4744450
Fax: 0044-161-4297613
E-Mail: stockport.heritage@dial.pipex.com

Pankhurst Centre
60/62 Nelson Street
Chorlton-upon-Medlock
Manchester
M13 9WP
Tel.: 0044-161-2735673

Wasserbehörden:

British Waterways Authority
Navigation Road
Northwich
Cheshire
CW8 1BH
Tel.: 0044-1606-723800
Fax: 0044-1606-871471

British Waterways Authority
White Bear Marina
Park Road
Adlington
Lancashire
PR7 4HZ
Tel.: 0044-1942-242239
Fax: 0044-1942-821434

British Waterways Authority
Dobson Lock
Apperly Bridge
West Yorkshire
BD10 0PY
Tel.: 0044-1274-611303
Fax: 0044-1274-621683

British Waterways Authority
Waterway Office
Lowerhouse Lane
Rosegrove, Burnley
Lancashire
BB12 6HU
Tel.: 0044-1282-456978
Fax: 0044-1282-424066

Rochdale Canal Company
The Estates Officer
Manchester Ship Canal
Company
Property Division
Quay West, Trafford Wharf
Road
Manchester
M1 2HG
Tel.: 0044-161-8722411

Häfen:

Liverpool, Litherland Huyton Partnership (Wasser, Treibstoff, Sanitäreinrichtungen)
Tel.: 0044-1257-481054

Maghull Hall Lane (Wasser, Treibstoff, Sanitäreinrichtungen)
Tel.: 0044-151-526662

Lydiate MMBC (Wasser, Sanitäreinrichtungen)
Tel.: 0044-151-5261015

Haskayne MMBC (Wasser, Sanitäreinrichtungen)
Tel.: 0044-151-5261015

Weavers Bridge 27 (Wasser, Treibstoff, Sanitäreinrichtungen)
Tel.: 0044-1257-481054

New Lane Swing West (Wasser, Treibstoff, Sanitäreinrichtungen)
Tel.: 0044-1744-884159

Burscough, Lathom Marine (Wasser, Treibstoff, Sanitär)
Tel.: 0044-1704-894782

Crabtree Moorings (Wasser, Treibstoff, Sanitäreinrichtungen)
Tel.: 0044-1704-892251

Burscough Bridge (Wasser, Sanitäreinrichtungen)
Tel.: 0044-1257-481054

Chapel House Bridge (Wasser, Sanitäreinrichtungen)
Tel.: 0044-1257-481054

Wigan Pier (Wasser, Treibstoff, Sanitäreinrichtungen)
Tel.: 0044-1942-323666

Wigan Yard (Wasser, Sanitäreinrichtungen)
Tel.: 0044-1257-481054

Aspull Top Lock Wigan (Wasser, Sanitäreinrichtungen)
Tel.: 0044-1257-481054

Manchester Harbour
Tel.: 0044-161-8722411

Restaurants:

Liverpool Moat House
Paradise Street
Liverpool
L1 8GT
Tel.: 0044-151-4719988
Fax: 0044-151-7092706

Becher's Brook
29a Hope Street
Liverpool
L1 9BQ
Tel.: 0044-151-7070005
Fax: 0044-151-7087011

Mister M's
6 Atlantic Pavilion, Albert Dock
Liverpool
L3 4AA
Tel.: 0044-151-7072202
Fax: 0044-151-7088769
(Fisch und Meeresfrüchte.)

Quality H. Wigan
Riverway
Wigan
WN1 3SS
Tel.: 0044-1942-826888
Fax: 0044-1942-825800

1844 – Hotel-Restaurant
Water Street
Manchester
M3 4JQ
Tel.: 0044-161-8321188
Fax: 0044-161-8342484
(Umgewandeltes Lagerhaus aus dem 19. Jahrhundert.)

Renaissance – Hotel-Restaurant
Blackfriars Street, Deansgate
Manchester
M3 2EQ
Tel.: 0044-161-8352555
Fax: 0044-161-8353077

Stock
The Stock Exchange, 4 Norfolk Street
Manchester
M2 1DW
Tel.: 0044-161-8396644
Fax: 0044-161-8396655
(Ehemalige Aktienbörse im edwardianischen Stil; Küche von Süditalien inspiriert.)

ENGLAND: LANCASTER CANAL

Typische Heidelandschaften bei Bolton-le-Sands lassen die Nähe des Meeres ahnen.

ÜBER DEN KLIPPEN

Sanftes, offenes Weideland, so weit das Auge reicht, nur ab und zu von einer kleinen Baumgruppe durchbrochen. Keine Straße, kein Auto stört den ländlichen Frieden, lediglich vereinzelte Cottages lassen ahnen, dass es noch andere Menschen auf der Welt gibt. Von fern sind im Osten die Berge der Pennines zu sehen, die aber schon nach einigen Kilometern wieder hinter den ausgedehnten Wäldern des Bowland Forest verschwimmen. Die Aussicht nach Westen wird weder von Berg noch Baum verstellt: Nur der Horizont begrenzt den Blick über die Irische See.

Die Stadt Lancaster lag immer schon ein wenig zu weit abseits der industriellen Zentren in Nordwest-England. Auch geeignete natürliche Flussläufe waren nicht vorhanden, um im Zeitalter vor Eisenbahn und LKW die Kohle aus dem Süden und die Ernten aus dem Norden nach Lancaster zu transportieren. Im Jahr 1799 wurde folglich der Lancaster Canal eröffnet, der von Preston bis hinauf in den Norden zur Stadt Kendal führte. Die ursprünglichen Pläne sahen vor, dass ein Aquädukt den Kanal über den River Ribble bei Preston führen sollte, um eine Verbindung zum Rufford Canal zu schaffen – womit mittels des Leeds and Liverpool Canal ein nahtloser Anschluss an die Industrie-Hochburgen Manchester und Liverpool gegeben gewesen wäre. Allerdings ging der Kanalbaugesellschaft das Geld aus, und so blieb der südliche Teil des Lancaster Canal bis heute unvollendet. Die fehlende Strecke wurde stattdessen zunächst mit Pferdewagen und später mit einer Eisenbahnlinie überbrückt. Aufgrund dieser Interessenverknüpfung ist der Lancaster Canal einer der wenigen Kanäle Englands, der nie in

Tour-Daten

Charakter: Wenn Sie Ruhe und Entspannung pur suchen, sind Sie auf dem Lancaster Canal goldrichtig. Weideland, ausgedehnte Wälder, die nahe Irische See und bedeutende Naturschutzgebiete werden nur selten unterbrochen von idyllischen Dörfern und Städtchen, in denen die Zeit stehen geblieben zu sein scheint.
Wasserstraße: Lancaster Canal
Strecke: Preston–Carnforth
Dauer: 1 Woche
Länge: 69,5 km
Anzahl der Schleusen: 6
Sonstiges: 2 Aquädukte
Größter Tiefgang: 2,40 m
Größte Höhe: 3,20 m

Konkurrenz zur Eisenbahn treten musste.
Im Jahr 1826 wurde der Glasson Branch eröffnet, der den Schiffen einen direkten Zugang zur Irischen See ermöglichte. Nicht nur dieser Zugang oder das fehlende Teilstück machen den Kanal zu einer Besonderheit: Die ursprüngliche, 120 Kilometer lange Strecke wurde mit nur acht Schleusen bewältigt (die allesamt im heute gesperrten nördlichen Teil hinter Tewitfield liegen), und der Treidelpfad wechselt niemals das Ufer. Zusammen mit einer großen Zahl von Pferde-Stationen garantierte dies die Beförderung der Güter mit einer Durchschnittsgeschwindigkeit von damals sagenhaften 15 km/h.
Wie schon erwähnt, ist der nördliche Teil des Kanals heute für die Schifffahrt gesperrt. Dafür werden Sie ab dem Sommer 2002 Zeuge einer kleinen Sensation werden können: Seit Frühjahr 2000 wird daran gearbeitet, den »Ribble Link« endlich zu verwirklichen. Die Arbeiten verschlingen die Summe von 5,4 Millionen Pfund und sind die ersten Kanalbauarbeiten in Großbritannien seit dem 19. Jahrhundert. Sie werden damit in den Genuss kommen, von Lancaster im Norden über das Kanalsystem Mittelenglands bis hinunter nach London wochenlange Bootsferien machen zu können! Sollten sich die Arbeiten noch verzögern, haben Sie aber bis dahin das Vergnügen, einen (abgesehen vom Glasson Branch hinunter zur See) schleusenfreien Kanal bereisen zu können, der durch eine der schönsten Landschaften Englands führt.

Preston

Bis Garstang: 26 km
Die Marina von Preston ist der Ausgangspunkt Ihrer Reise. Gute Versorgungsmöglichkeiten warten nicht nur im Hafen, sondern vor allem auch in der Stadt auf Sie. Gleich am »Riversway«, Europas größtem Einzeldock-Becken, reihen sich Geschäfte an Boutiquen an Geschäfte... Mit dem Ausbleiben der Berufsschiffer fiel Preston in einen Dornröschenschlaf. In den letzten Jahren hat sich die Stadt jedoch von einem vergessenen ländlichen Städtchen zu einem liebevoll gestalteten, touristenfreundlichen Ort gewandelt. Nicht nur die Riversway Docks wurden renoviert und umgestaltet, auch die Altstadt des ehemaligen Baumwollzentrums erfuhr eine attraktive Sanierung. Der

rlebnisse ganz besonderer Art verspricht ein Besuch im Lancaster Castle...

Marktplatz wird beherrscht von einem denkmalgeschützten Gebäude in griechischem Stil, welches das »Harris Museum & Art Gallery« beherbergt. Stadthistorische Exponate und zeitgenössische Kunst sind hier einträchtig unter einem Dach versammelt. Nehmen Sie sich ein Stündchen Zeit und beobachten Sie aus einem Straßencafe das bunte studentische Treiben – Preston ist Sitz der »University of Central Lancashire« mit über 23 000 Studenten. Derart erfrischt können Sie sich an die Besteigung des 95 Meter hohen Kirchturms der »St. Walburge's Church« machen und einen sagenhaften Blick über die Stadt und das nahe Meer genießen. Wie dieser Panoramablick Ihnen zeigt, ist Preston umgeben von zahllosen Parks und Gärten. Der nächstgelegene ist der »Worden Park«: In einem alten Stallkomplex haben sich zahlreiche Kunsthandwerke, ein Cafe und ein Theater angesiedelt. Ein weitläufiges Parkgelände umgibt das Kulturzentrum, mit einer einzigartigen Sammlung von Bäumen aus aller Welt und einem Garten für Blinde.

Seit dem Jahr 2001 ist Preston zu einer »Pilgerstätte« für eine ganz besondere Bevölkerungsgruppe geworden: Die Fußballfans. Gleich neben dem Deepdale Stadium hat das »National Museum of Football« eröffnet, in dem sich jeder wahre Fan im siebten Himmel wähnt.

Sollten Sie bei Ihrer Reise über den Leeds and Liverpool Canal den Ausflug zum Naturschutz-

gebiet »Martin Mere« versäumt haben, so haben Sie nun nochmals eine gute Gelegenheit, dieses außergewöhnliche Marschland zu erkunden. Sir Peter Scott gründete das »Wild Fowl & Wetlands Centre« bereits im Jahre 1946 mit dem Ziel, Menschen und Wildtiere zum gegenseitigen Nutzen einander näher zu bringen.
Zu Füssen des Pennines-Gebirges setzen Sie Ihre Reise fort durch offenes Weideland. Kühe und Schafe sind Ihre ständigen Begleiter auf den Deichen des Kanals. Sie überqueren auf einem kleinen Aquädukt den River Wyre und erreichen das Städtchen Garstang.

Garstang

Bis Galgate: 13 km
Garstang bezeichnet sich gern als das »Tor zum Bowland Forest«. Zahlreiche Wanderwege laden Sie ein, die schwankenden Planken Ihres Bootes für eine Weile in einem der sicheren Häfen zu lassen und sich im Wald die Füße zu vertreten. Sie können natürlich auch Ihren Urlaub verlängern und das schier endlose Waldgebiet näher erkunden: Allein der Wanderweg »Ribble Way« ist 112 Kilometer lang und führt an den Ufern des gleichnamigen Flüsschens entlang. Die Landwirte der Gegend haben sich zu einer Kooperative zusammengeschlossen, und jedes Dörfchen bietet seine eigenen Spezialitäten an: Käse, Würste, verschiedenste Brotsorten warten nur darauf, von Ihnen gekostet zu werden. Oder Sie versorgen sich selbst mit frischem Fisch: Die »Copthorne Coarse Fishing Lakes« liegen nur rund einen Kilometer vom Lancaster Canal entfernt.
Zurück in der Stadt, die im 18. Jahrhundert ein Haltepunkt für Postkutschen auf dem Weg von London nach Edinburgh war, können Sie den traditionellen Markt besuchen. Lassen Sie sich treiben durch die über 70 Marktstände, die hier seit 1310 jeden Donnerstag aufgebaut werden. Als einst bedeutende Stadt besaß Garstang selbstverständlich auch ein Schloss: Erbaut im Jahre 1490, wurde »Greenhalgh Castle« jedoch von Cromwells Armeen im 17. Jahrhundert zerstört, und nur noch die Ruinen sind heute zu besichtigen.

Galgate

Bis Glasson: 4,5 km,
6 Schleusen

Machen Sie in einem der beliebtesten Häfen des Lancaster-Kanals fest, der sich nicht nur nahtlos in eine zauberhafte Landschaft einfügt, sondern auch über beste Infrastruktur verfügt. Galgate selbst ist ein kleines Städtchen, das seine Blütezeit als Zentrum der Seidenspinnerei im 18. Jahrhundert hatte. Die Seidenmühle ist sorgfältig restauriert worden und die älteste in ganz England.
Nicht weit von Galgate entfernt liegt »Ellel Grange«, eine elegante italienische Villa aus dem 19. Jahrhundert. Die Villa selbst ist zwar heute in Privatbesitz, doch der sie umgebende Park ist eine längere Besichtigung wert: Der Garten wurde im viktorianischen Stil angelegt, und die Sammlung von Bäumen aus aller Welt sucht ihresgleichen.
Dass Sie sich auf dem Weg hinunter zur See befinden, merken Sie nicht zuletzt an der steten Anwesenheit der Möwen. Erkundigen Sie sich im Vorfeld nach den Öffnungszeiten der Schleusen, die vom Rhythmus der Gezeiten abhängig sind.

Glasson

Bis Lancaster: 13 km, 6 Schleusen

Der einstige Cargo-Hafen hat sich im Laufe der Jahre bestens auf die Bedürfnisse der Freizeitschiffer eingestellt. Zwar werden hier auch heute noch immerhin 150 000 Tonnen Güter umgeschlagen, doch diese Betriebsamkeit beschränkt sich auf das Gezeitenbecken, zu dem Sie und Ihr Boot leider keinen Zutritt haben.
Nichtsdestotrotz ist ein Spaziergang rund um das »Glasson Dock« und den emsigen Hafen ein ganz besonderes Erlebnis. Ein Spaziergang der längeren Art könnte eine Wanderung auf dem »Lancashire Coastal Way« werden, der sich über 220 Kilometer entlang der Küste von Merseyside bis Cumbria erstreckt.
Zurück auf dem Kanal lassen Sie alsbald die offene Landschaft hinter sich und tauchen ein in dicht bewaldete Ufer, die den Beginn von Lancaster markieren.

Lancaster

Bis Carnforth: 13 km

Von schattigen Bäumen umstanden ist auch der Hafen von Lancaster, der einst eine größere Bedeutung besaß als der von Liverpool. Füllen Sie Ihre Bordvorrä-

Kürzeste Wege zur Besichtigung: Anleger am St. George's Quay in Lancaster.

te in den vorzüglichen Geschäften der Stadt noch einmal auf. Gleich am Kai lädt das »Maritime Museum« zu einem Besuch ein. Im ehemaligen Zollhaus aus dem 18. Jahrhundert erleben Sie die Geschichte des Lancaster Canal, des Hafens und der Morecambe Bucht aus nächster Nähe. Bei der Betrachtung der Stadt fällt Ihnen als erstes das »Ashton Memorial« ins Auge, das von vielen liebevoll das »Taj Mahal des Nordens« genannt wird. Erbaut von Sir Ashton im Jahr 1909 zur Erinnerung an seine Frau, liegt es inmitten des weitläufigen Williamson Parks, der auch einen kleinen Zoo beherbergt: Schmetterlinge und tropische Vögel können in ihren Häusern beim freien Flug bestaunt werden.

Weitaus »gefährlicher« mag ei Besuch im »Lancaster Castle« anmuten: Das von den Normannen erbaute Schloss wurde bi vor gar nicht so langer Zeit al Gefängnis genutzt. Das Richterhaus (heute das »Judges' Lodgings Museum«) war noch bi 1975 in seiner ursprüngliche Funktion als Wohnsitz des amtierenden Richters von Lancaste In älterer Zeit waren die bedrohlich aufragenden Mauern de Schauplatz von Hexenprozesse und Deportationen nach Australien. George Fox, der Gründervater der Quäker, war hier fü zwei Jahre inhaftiert. Besuche mit starken Nerven können sic in eine der historischen Kerkerzellen einsperren lassen.

Wenn Sie Ihrem Schöpfer dan ken möchten, dieser Erfahrun

lebend entronnen zu sein, pilgern Sie über kopfsteingepflasterte Gassen zur »Lancaster Priory & Parish Church of St. Mary«. Der Grundstein wurde im Jahr 1094 gelegt, und nahezu alle Herren von Lancaster haben ihre Spuren hinterlassen: Ornamente der Wikinger sind hier zu sehen, eine Flügeltür aus sächsischer Zeit und eine imposante jakobinische Kanzel. Genaueres über die Geschichte Lancasters erfahren Sie im »City Museum«, das gleichzeitig das »Museum of King's Own Royal Regiment« beherbergt.

Nach einem aufregenden Tag in Lancaster verlassen Sie die Stadt nordwärts und überqueren den Lune: Das Aquädukt spannt sich 180 Meter weit über den Fluss, mit einer Höhe von knapp 20 Metern – wahrhaft eine technische Meisterleistung aus dem Jahr 1797!

Der Lancaster-Kanal verläuft nun auf dem letzten Teil seiner schiffbaren Strecke stets an der Küstenlinie entlang. Einst stolze Hafen- und Fischerorte, liegen die pittoresken Städtchen, die Sie passieren, nunmehr in bedeutenden Naturschutzgebieten. Zahlreiche Brut- und Überwinterungsplätze zum Beispiel in Hest Bank oder Bolton-le-Sands ziehen Jahr für Jahr zigtausende von Wat- und Wasservögeln an. Für interessierte Besucher wurden eigens Unterstände errichtet, um dieses Schauspiel ohne Störung für die Vögel beobachten zu können. Zweifellos ein einmaliges, unvergessliches Erlebnis!

Carnforth

Am Ende Ihrer Reise angekommen, legen Sie im Hafen »Nu-Way Acorn« an, einem Anlegeplatz mit allen nur denkbaren Einrichtungen. Die Dänen waren die ersten, die diesen Ort besiedelten, und so dürfen Sie sich nicht über die seltsam anmutenden Orts- und Straßennamen wundern, die Ihnen allerorts begegnen und Sie glauben lassen, Sie befänden sich in Skandinavien.

Seine einstmalige Bedeutung erhielt Carnforth als Eisenbahnknotenpunkt. Selbst der legendäre »Flying Scotsman« verkehrte hier regelmäßig. Im ehemaligen Bahnhof können Sie äußerst liebevoll restaurierte alte Dampfloks besichtigen. Sollten Sie Ihren Urlaub noch verlängern wollen, bietet sich Carnforth als »Tor zum Lake District« für eine weitere Woche wässriger Freuden an.

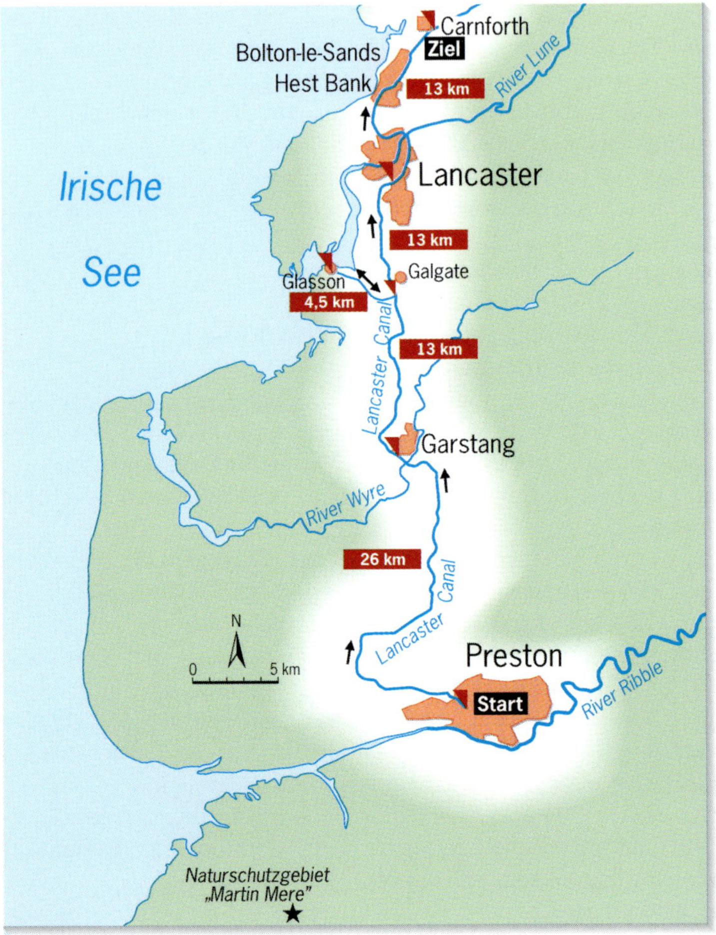

Adressen

Touristische Informationen:

Urlaubsservice Großbritannien
Westendstr. 16-22
60325 Frankfurt
Tel.: 01801-468642
Fax: 069-97112444
E-Mail: gb-info@bta.org.uk

Preston Tourism & Events
Leisure Services Dept.
Preston Borough Council
The Guild Hall
Lancaster Road
Preston

PR1 1HT
01772 203456
01772 881716

Tourism Garstang
Wyre Borough Council
Civic Centre
Breck Road
Poulton-le-Fylde
FY6 7PU
Tel.: 0044-1253-891000
Fax: 0044-1253-899000

Copthorne Coarse Fishing Lakes
Tel.: 0044-374-282329

Morecambe Tourist Information Centre (für Glasson)
Old Station Buildings
Station Buildings, Central Promenade
Morecambe
LA4 4DB
Tel.: 0044-1524-582808
Fax: 0044-1524-832745

Bowland Forest Food Ltd.
Home Farm Office
Abbeystead
Lancaster
LA2 9BQ
Tel.: 0044-1524-793558
Fax: 0044-1524-793544
E-Mail:
info@bowlandforest.co.uk
Website:
www.bowlandforest.co.uk

Tourist Information Centre
29 Castle Hill
Lancaster
LA1 1YN
Tel.: 0044-1524-32878
Fax: 0044-1524-847472

Tourist Information Centre
Station Buildings, Central Promenade
Morecambe
LA4 4DB
Tel.: 0044-1524-582808
Fax: 0044-1524-823745

Sehenswürdigkeiten:

Harris Museum & Art Gallery
Market Square
Preston
Tel.: 0044-1772-258248
E-Mail:
harris@pbch.demon.co.uk

Worden Arts & Craft Centre
Worden Park, Leyland
Preston
Tel.: 0044-1772-455908

The National Football Museum
Sir Tom Finney Way
Deepdale
Preston
PR1 6RU
Tel.: 0044-1772-908403
E-Mail: enquiries@national-footballmuseum.com

Website: www.nationalfootball-museum.com

Ellel Grange
Lancaster
LA2 0HN
Tel.: 0044-1524-751651
Fax: 0044-1524-751738
E-Mail:
info@grange.ellel.org.uk

Lancaster Castle
Lancaster County Property Group
County Hall
Preston
PR1 8RE
Tel.: 0044-1772-263853

Lancaster Priory & Parish Church of St. Mary
Castle Hill
Lancaster
LA1 1YZ
Tel.: 0044-1524-65338

City Museum
Market Square
Lancaster
Tel.: 0044-1524-64637
E-Mail: lancastercitymuseum@iname.com

Maritime Museum
St. George's Quay
Lancaster
Tel.: 0044-1524-64637

Judges' Lodgings Museum
Church Street
Lancaster
Tel.: 0044-1524-32808

Ashton Memorial
Williamson Park
Lancaster
LA1 1UX
Tel.: 0044-1524-33318
Fax: 0044-1524-848338
E-Mail: office@williamson-park.com
Website:
www.williamsonpark.com

Vogel-Beobachtungsplätze an der Küste:
Hest Bank, Morecambe
Location
Coastal Lagoons
The Warden
Myers Farm, Silverdale
Carnforth
LA5 0SW
Tel.: 0044-1524-701413

Wasserbehörden:

British Waterways Authority
North West Region
Navigation Road
Northwich
Cheshire
CW8 1BH
Tel.: 0044-1606-723800
Fax: 0044-1606-871471

British Waterways Authority
Lancaster Office
Main Road
Galgate
Lancaster
LA2 0LQ
Tel.: 0044-1524-751888

Häfen:

Preston, Ashton Basin
(Wasser, Treibstoff, Sanitäreinrichtungen)
Tel.: 0044-1772-769183

Preston, Salwick Wharf
(Wasser, Sanitäreinrichtungen)

Catforth, Blackleach Marina
(Wasser, Treibstoff, Sanitäreinrichtungen)
Tel.: 0044-1772-690495

Catforth, Stone Chimney Wharf
(Wasser, Treibstoff, Sanitäreinrichtungen)
Tel.: 0044-1524-751888

Preston, Jolly Roger Boat Center (Wasser, Treibstoff, Sanitäreinrichtungen)
Tel.: 0044-1772-690232

Moons Bridge Marina (Wasser, Sanitäreinrichtungen)
Tel.: 0044-1772-690627

Bilsborrow Wharf (Wasser, Sanitäreinrichtungen)
Tel.: 0044-1524-751888
Garstang, Dimples Bridge
(Wasser, Sanitäreinrichtungen)
Tel.: 0044-1524-751888

Garstang, Tythe Barn
(Wasser, Treibstoff, Sanitäreinrichtungen)
Tel.: 0044-1524-751888

Garstang, Moss Lane
(South) (Wasser, Treibstoff, Sanitäreinrichtungen)
Tel.: 0044-1524-751888

Garstang, Moss Lane (North)
(Wasser, Sanitäreinrichtungen)
Tel.: 0044-1524-751888

Garstang, Montgomeries Wharf (Wasser, Treibstoff, Sanitäreinrichtungen)
Tel.: 0044-1524-751888

Garstang, Bridge House Marina (Wasser, Treibstoff, Sanitäreinrichtungen)
Tel.: 0044-1995-603207

Garstang Marina
(Wasser, Treibstoff, Sanitäreinrichtungen)
Tel.: 0044-1524-791417

Cabus Nook (Wasser, Sanitäreinrichtungen)
Tel.: 0044-1524-7917226

Ratcliff Wharf (Wasser, Treibstoff, Sanitäreinrichtungen)
Tel.: 0044-1524-751888

Galgate, Lodge Hill
(Wasser, Treibstoff, Sanitäreinrichtungen)
Tel.: 0044-1524-751888

Galgate, Marina Park (Wasser, Sanitäreinrichtungen)
Tel.: 0044-1524-751888

Hest Bank (Wasser, Sanitäreinrichtungen)
Tel.: 0044-1524-751888

Bolton-le-Sands (Wasser, Sanitäreinrichtungen)
Tel.: 0044-1524-751888

Carnforth, Nu-Way Acorn
(Wasser, Treibstoff, Sanitäreinrichtungen)
Tel.: 0044-1524-734457

Restaurants:

The Wharf
Church Street
Garstang
PR3 1PA
Tel.: 0044-1995-604486
E-Mail: enquiries@tithebarn-garstang.co.uk
(Ehemaliges Zollhaus mit einem kleinen Museum für Kanal-Memorabilien.)

Posthouse Preston – Hotel-Restaurant
The Ringway
Preston
PR1 3AU
Tel.: 0044-870-4009066
Fax: 0044-1772-201923

Simply Heathcotes
23 Winckley Square
Preston
PR1 3JJ
Tel.: 0044-1772-252732
Fax: 0044-1772-203433
(Jazz-Abende im Keller-Bistro »Downstairs on the Square«.)

Claremont – Hotel-Restaurant
516 Blackpool Road, Ashton
Preston
PR2 1HY
Tel.: 0044-1772-729738
Fax: 0044-1772-726274

Tulketh
209 Tulketh Road
Preston
PR2 1ES
Tel.: 0044-1772-726250
Fax: 0044-1772-723743
(Traditionelle englische Küche.)

Premier Lodge – Hotel-Restaurant
Garstang Road
Bilsborrow
PR3 0RN
Tel.: 0044-870-7001516
Fax: 0044-870-7001517
(Grill- und Fischgerichte.)

Guy's Thatched Hamlet – Hotel-Restaurant
Canalside, St Michaels Road
Bilsborrow
PR3 0RS
Tel.: 0044-1995-640010
Fax: 0044-1995-640141
(Zweistöckiges Restaurant mit Balkendecke und Reetdach.)

Garstang Country Hotel and Golf Club – Hotel-Restaurant
Bowgreave
Garstang
PR3 1YE
Tel.: 0044-1995-600100
Fax: 0044-1995-600950
(Klassische englische Küche.)

Crofters – Hotel-Restaurant
Cabus
Garstang
PR3 1PH
Tel.: 0044-1995-604128
Fax: 0044-1995-601646
(Klassische englische Küche.)

Holiday Inn – Hotel-Restaurant
Waterside Park, Caton Road
Lancaster
LA1 3RA
Tel.: 0044-870-4009047
Fax: 0044-1524-841265

The Gressingham – Hotel-Restaurant
Green Lane, Ellel
Lancaster
LA1 4GJ
Tel.: 0044-1524-844822
Fax: 0044-1524-844766
(Blick über die Morecambe Bay. Traditionelle britische und internationale Gerichte, klassischer Sonntags-Lunch.)

Royal Kings Arms – Hotel-Restaurant
Market Street
Lancaster
LA1 1HP
Tel.: 0044-1524-32451
Fax: 0044-1524-841698

New Capernwray Farm
Capernwray
Carnforth
LA6 1AD
Tel.: 0044-1524-734284
Fax: 0044-1524-734284
(Ehemaliger Bauernhof aus dem 17. Jahrhundert, festliches familiäres Ambiente. Erzeugnisse vom eigenen Hof.)

ENGLAND: WORCESTER & BIRMINGHAM CANAL

Nicht nur im Herbst eine Reise wert: Stratford-upon-Avon, die Heimat Shakespeares.

»SCHLAG NACH BEI SHAKESPEARE...«

Kein britisches Klischee wird ausgelassen bei einer Reise über die Kanäle der Midlands: Pulsierende Großstädte mit mächtigen Kathedralen, die von Jahrtausende alter Geschichte erzählen; wogende Hügel und idyllisches Weideland; pittoreske Dörfer, schon lang von der Zeit vergessen – und unzählige Pubs, die die Ufer säumen und den Reisenden einladen, die seltsamen Ernährungsgewohnheiten der Inselbewohner am eigenen Leib zu erfahren. Weichgekochte Hafergrütze und Toast zum Frühstück, Gurkensandwichs zum Five-o'clock-tea und Lamm in Minzsauce am Abend verleiten den Kontinental-Europäer doch eher dazu, sein Angelglück im Kanal zu versuchen und selbst für das Mittagessen zu sorgen.

Im Jahre 1791 stimmte das Parlament dem Bau des Worcester & Birmingham Canal endlich zu, trotz einer starken Opposition. Diese sollte mit ihren Zweifeln Recht behalten, denn die Fertigstellung des Kanals verzögerte sich um 13 Jahre. Schließlich muss diese Wasserstraße eine Höhe von knapp 140 Metern auf einer Strecke von 48 Kilometern überwinden, was nicht ohne eine Vielzahl von Schleusen zu bewerkstelligen ist, die in damaligen Tagen eine lange Bauzeit erforderten. Der ursprüngliche Kanal konnte die stolze Zahl von 76 Schleusen aufweisen. Jedoch hatte die Kanalgesellschaft nicht lange Freude an ihrem Bauwerk: Schon im Jahr 1864 machte sich der Einfluss der Eisenbahn so sehr bemerkbar, dass den Eignern keine Dividenden mehr gezahlt werden konnten. 1961 wurde die Berufsschifffahrt auf dem Worcester & Birmingham Canal letztlich ganz eingestellt.

Der Stratford-on-Avon Canal hat eine ganz ähnliche Ge-

Tour-Daten

Charakter: Eine abwechslungsreichere Reise als diese werden Sie selten unternehmen: Zwischen pulsierenden Großstädten mit mächtigen Kathedralen er»fahren« Sie pittoreske Landschaften, die schon große englische Künstler wie Edward Elgar und natürlich den unvergesslichen Shakespeare inspiriert haben.

Wasserstraßen: Worcester & Birmingham Canal – Stratford-on-Avon Canal

Strecke: Worcester–Birmingham–Stratford-upon-Avon

Dauer: 1 Woche

Länge: 96 km

Anzahl der Schleusen: 114

Anzahl der Tunnel: 6

Größter Tiefgang: 1,80 m

Größte Höhe: 2,10 m

schichte: Mit dem Bau wurde 1793 begonnen, doch zahlreiche Parlamentsbeschlüsse waren im Laufe der folgenden 28 Jahre nötig, um die finanziellen Anstrengungen zu genehmigen, die erforderlich waren, um die auftretenden baulichen Schwierigkeiten zu bewältigen. Auch hier musste mittels 56 Schleusen eine große Höhe überwunden werden, und die Bewohner dieses dicht besiedelten Gebietes benötigten zahlreiche Brücken, um den Kanal überqueren zu können. Nach dem Zweiten Weltkrieg waren sowohl der Zustand des Kanals als auch der der Frachtschifffahrt derart beklagenswert, dass über seine Schließung nachgedacht wurde. Ein entrüsteter Aufschrei aus der Bevölkerung jedoch konnte diese Pläne stoppen, und nach langen Jahren der Renovierung wurde er 1964 von Queen Mum wieder in Betrieb genommen.

Lassen Sie sich von der enormen Anzahl der Schleusen auf dieser Tour nicht abschrecken, denn seien Sie vergewissert: Dies wäre ein großer Fehler! Sicherlich können Sie die Städte auch auf dem Landwege besuchen, aber Sie würden sich damit der schönsten Eindrücke berauben. Gerade auch die pittoreske Landschaft am Stratford-on-Avon Canal entschädigt Sie für jeden Kraftakt. Und zudem ist die Mehrzahl der Schleusen in Schleusentreppen zusammengefasst, so dass Sie die größte Anstrengung bald hinter sich gebracht haben. Gerade auch für den Anfänger in Sachen Bootsferien ist dies eine gute Übung. Derart trainiert können Sie beruhigt Ihren nächsten Hausbooturlaub planen!

Worcester

Bis Droitwich: 13 km, 16 Schleusen, 1 Tunnel (»Dunhampstead«, 70 m)

Verschiedene Häfen in Worcester bieten dem Bootsreisenden alles, was sein Herz begehrt. Einkaufsmöglichkeiten finden Sie zahlreich in der Stadt selbst. Die Hauptstadt von Worcestershire ist vor allem für drei Dinge bekannt: Die gleichnamige Sauce, Porzellan und Musik, Musik, Musik. Beginnen Sie mit letzterer und besuchen Sie vor den Toren der Stadt das Geburtshaus des berühmten Komponisten Edward Elgar, ein kleines Cottage, in dem Sie meinen, dass Mr. Elgar gleich persönlich zur Tür herein spaziert käme. Die »Worcester Cathedral«, erbaut auf den Grundmauern eine

leich bei der Einfahrt nach Worcester werden Sie von der Jahrhunderte lten Geschichte Englands begrüßt.

\btei aus dem Jahr 680, ist der ;chauplatz des alljährlichen ·Three Choir Festivals«, das im ährlichen Wechsel (jeweils im \ugust) in den Städten Glouces-er, Hereford und Worcester tattfindet. Das älteste Musik-estival Europas wurde zum ers-en Mal im Jahr 1709 abgehal-en, und aufgrund des enormen Zulaufs sind mittlerweile nur ıoch Chöre der drei Grafschaf-en zugelassen. Sollten Sie sich icht für Chöre und klassische Musik begeistern können, er-undigen Sie sich beim Tourism Centre nach weiteren Veranstal-ungen in Worcestershire: Über den Sommer werden zahllose Konzerte jedweder Stilrichtung veranstaltet.

Weniger musisch geht es zu im »Commandery Civil War Centre«, einem typischen Tudorhaus, das von Charles II. 1651 während der Schlacht um Worcester als Hauptquartier genutzt wurde. Wenn Sie mehr über die Stadtgeschichte erfahren wollen, besuchen Sie das »Worcester Museum of Local Life«, das ganze Straßenszenen aus der viktorianischen Ära nachgebaut hat.

Ein absolutes Muss für jeden Worcester-Besucher ist ein Blick hinter die Kulissen der »Royal Worcester Porcelain Works«, der weltberühmten Porzellanmanufaktur. Gegründet 1751, trägt sie seit 1789 das Siegel »Königlicher Hoflieferant« und liefert noch heute Queen Elizabeth's Lieblingsporzellan. Schlendern Sie durch das hauseigene Museum, sehen Sie den Handwerkern bei ihrer Arbeit über die Schulter und gehen Sie im Shop auf Schnäppchenjagd: Was macht es schon, wenn ein Pinselstrich ein wenig vom Weg abgekommen ist, wenn Sie dafür das gleiche Porzellan besitzen wie die Queen?

Die dritte Berühmtheit der Stadt, die Worcester-Sauce, wird noch heute nach dem selben Rezept hergestellt wie 1838: Lord Marcus Sandys brachte von einer Indienreise eine wohlschmeckende Sauce mit und übergab sie den Chemikern John Lea und William Perris, um sie von ihnen »nachkochen« zu lassen. Nach einigen Wochen kam er zum Probieren, war herzlichst enttäuscht von dem Ergebnis, und die Sauce versank in Vergessenheit. Zum Glück jedoch nicht im Ausguss – einige Monate später (offensichtlich waren die Herren Chemiker keine begeisterten Hausmänner) fand man den Saucenbehälter wieder, probierte noch einmal – und siehe da: Mi der Fermentierung war die Wor cester-Sauce geboren!

Wenn Ihnen noch nicht nacl dem Schleusenmarathon zumut ist, machen Sie noch einen klei nen Ausflug in die Malver Hills, ein Naherholungsgebie für Worcester und Birmingha und vor allem der Ort, der Ed ward Elgar die Inspirationen fü seine Werke gab.

Sechs einzelne Schleusen sin mit dem Verlassen von Worces ter zu bewältigen, die nächste zehn sind zu einer Schleusen treppe zusammengefasst. Kur darauf geht's ins Dunkel de »Dunhamstead Tunnel« (70 m) Gleich nach dem Tunnel habe Sie zwei Möglichkeiten, festzu machen, beide mit den nötigste Einrichtungen.

Droitwich Spa

Bis Bromsgrove: 12 km,
42 Schleusen, 1 Tunnel
(»Tardebigge«, 175 m)

Ein Spaziergang durch die Al stadt des Kurortes Droitwic Spa mit ihren liebevoll restau rierten historischen Häusern en schädigt Sie hinreichend für di erste große Anstrengung Ihre Reise. Besonders die »Hanbur Hall« sollten Sie einer nähere

Besichtigung unterziehen: Das Steinhaus aus dem Jahr 1701 beherbergt in seinem Inneren wahre Schätze aus Porzellan und niederländischen Stillleben, der Garten aus dem 18. Jahrhundert wurde über die Jahrhunderte originalgetreu erhalten und die Orangerie und das alte Eishaus aus dem Jahr 1740 suchen wahrlich ihresgleichen.
Auf zu einem letzten Kraftakt auf dem Worcester & Birmingham Canal: Es gilt, drei Schleusentreppen (zwei mit je sechs, eine mit 30 Schleusen) zu überwinden. Jetzt bloß keine Müdigkeit vorschützen! Die nächsten Anlegemöglichkeiten haben Sie entweder beim Tardebigge Tunnel oder kurz nach ihm, direkt in Bromsgrove.

Bromsgrove

Bis Birmingham: 23 km,
3 Tunnel (»Shortwood«,
187 m, »Wast Hill«, 831 m,
»Egbaston«, 32 m)

Auf den ersten Blick mag Bromsgrove, eine industrielle Vorstadt von Birmingham, nicht sonderlich attraktiv erscheinen, doch sie hat einige Schätze in ihren Mauern versteckt: In einem alten Postkutschenhaus befindet sich das »Bromsgrove Museum«, das sich mit der Lokalhistorie von Bromsgrove befasst. Ein Besuch des »Avoncroft Museum of Historic Buildings« ist wie das Betreten einer Zeitmaschine – historische Gebäude von der Telefonzelle über Windmühlen bis zum mittelalterlichen Saal, wurden im ganzen Land im wortwörtlichen Sinne gesammelt und in Bromsgrove wieder aufgebaut.
Ein bedeutender Wirtschaftszweig Bromsgroves war in den letzten drei Jahrhunderten die Herstellung von Nadeln und Angelhaken. Es mag für Ihre Ohren kurios klingen, doch in einer hübschen Mühle aus dem 18. Jahrhundert wurde eigens hierfür ein Museum eingerichtet.
Erfreuen Sie sich an den letzten Kilometern Richtung Birmingham: Nicht eine einzige Schleuse stört Ihre Reise!

Birmingham

Bis Stratford-upon-Avon:
48 km, 56 Schleusen, 1 Tunnel
(»Brandwood«, 107 m)

In Birmingham haben Sie die Auswahl zwischen zwei Häfen, beide mit guter Infrastruktur. Selbstredend finden Sie in der Stadt Einkaufsmöglichkeiten für jeden Bedarf.

Romantische Hausboote bevölkern den Hafen von Birmingham.

Seit dem Mittelalter hat Birmingham sich mehr und mehr zum Industriezentrum entwickelt. Metall verarbeitende Handwerke herrschen noch heute vor, dank der reichen Kohle und Eisenerzvorkommen der Gegend. Doch die Stadt war nicht nur Heimat für Arbeiter, auch große Denker stammen von hier, unter anderem James Watt und Joseph Priestley, Erfinder der Dampfmaschine der eine, Entdecker des Sauerstoffs der andere. Ein Meilenstein der neueren Geschichte war zweifellos das G8-Treffen im Jahr 1998. In den »Peace Gardens« pflanzte jedes Staatsoberhaupt einen Baum aus seinem Land als Zeichen des Friedens.

Beginnen Sie Ihren Rundgang am Chamberlain Square, der nach Major Chamberlain, einem der großen Wohltäter der Stadt benannt ist. Er sorgte im 19. Jahrhundert für eine sichere Wasser- und Gasversorgung für die Bevölkerung, und ihm zu Ehren wurde das Standbild »Chamberlain Memorial Fountain« in der Mitte des Platzes erbaut.

Von großen Männern zu kleinen Frauen: Auf dem Friedhof der barocken »St. Philips Cathedral« liegt die »kleinste Frau« des Königreichs begraben. Nanetta Stocker, eine Österreicherin, war gerade einmal 84 Zentimeter groß und wurde im Mai 1819 hier bestattet. Sicherlich hätte ihr (wie jeder Frau!) ein Rundgang durch das »Jewellery Quarter« gut gefallen. Schmuckstück der über 100 Juweliergeschäfte ist das »Argent Centre«, ein viktorianisches Haus im Renaissance-Stil, das ursprünglich der Sitz der Manufaktur W.E. Wiley war, einem Hersteller für Füllfederhalter aus Gold.

Wen wundert es, dass Birmingham, eine Stadt mit so reicher Historie, ein besonders beliebter Aufenthaltsort für Geister und Gespenster ist? Verschiedene geführte Touren und Spaziergänge zur übernatürlichen Lokalgeschichte werden angeboten. Sie sollten jedoch unbedingt im voraus buchen und starke Nerven mitbringen!

Starke Nerven benötigen Sie auch für die letzte Etappe Ihrer Reise nach Stratford-upon-Avon – es sei denn, Sie machen es sich einfach und buchen in Birmingham eine Fahrt im »Shakespeare Express«, einer nostalgischen Dampfeisenbahn, die die Strecke in gut einer Stunde bewältigt. Aber warum sollten Sie sich um den Genuss einer der schönsten Strecken dieser Reise bringen? Ab der King's Norton

Junction folgen Sie ein kurzes Stück dem Grand Union Kanal, bis an der Kingswood Junction der Stratford-on-Avon Canal gen Süden abbiegt. Sie tauchen ein in eine liebliche Landschaft, kleine Cottages verstecken sich in Erlenhainen und tiefhängende Weiden streifen Ihr Boot mit ihren Zweigen. Malerische alte Steinbrücken bieten die schönsten Fotomotive – also beeilen Sie sich nicht zu sehr auf dieser Teilstrecke, sondern machen Sie öfter einmal Halt und erkunden Sie die liebliche Gegend.

Stratford-upon-Avon

Willkommen in der Heimat William Shakespeares! Ihr erster Gang führt Sie sicherlich zu seinem Geburtshaus in der Henley Street, wo der wohl größte Dichter aller Zeiten 1564 das Licht der Welt erblickte. Das originalgetreu eingerichtete Haus hütet zahlreiche historische Manuskripte und Bücher des Literaten. Kurz vor seinem Tod 1616 kehrte Shakespeare aus London zurück, wo er viele Jahre als Schauspieler und Theaterleiter verbracht hatte, und ist nun, gemeinsam mit seiner Frau Anne Hathaway, begraben in der »Holy Trinity Church« von Stratford. Sein Andenken wird in Ehren gehalten von der »Royal Shakespeare Company«, die ihren Hauptsitz selbstverständlich in Stratford-upon-Avon hat. Doch Stratford lebt nicht nur von Shakespeare allein – wussten Sie beispielsweise, dass auch der Gründer der amerikanischen Harvard Universität hier aufgewachsen ist?

Inmitten einer derart zauberhaften ländlichen Umgebung ist die Stadt in ganz besonderer Weise der Natur verbunden: Die größte Schmetterlingszucht Europas hat hier ihren Sitz. Versäumen Sie nicht, das »Shire Horse Centre« zu besuchen, das sich um den Erhalt dieser sanften Pferderiesen kümmert. Ein tierisches Vergnügen ganz anderer Art bietet das »Teddy Bear Museum«. Beschließen Sie Ihre Reise mit der Entdeckung eines fast ausgestorbenen Handwerks: Im »Stratford Brass Rubbing Centre« wird noch heute wie vor Hunderten von Jahren Messing poliert. Über zwanzig Minuten dauert allein das Polieren eines Knopfes.

Nach all diesen Eindrücken werden Sie die Liebe Shakespeares zu seiner Heimat, die er in vielen Versen besungen hat, noch besser verstehen.

Adressen

Touristische Informationen:

Urlaubsservice Großbritannien
Westendstr. 16-22
60325 Frankfurt
Tel.: 01801-468642
Fax: 069-97112444
E-Mail: gb-info@bta.org.uk

Heart of England Tourist Board
Woodside
Larkhill Road
Worcester
WR5 2EZ
Tel.: 0044-1905-761100
Fax: 0044-1905-763450

Tourist Information Centre
The Guildhall
High Street
Worcester
WR1 2EY
Tel.: 0044-1905-726311
Fax: 0044-1905-722481

Tourist Information Centre
Victoria Square
Droitwich Spa
WR9 7EA
Tel.: 0044-1905-774312

Tourist Information Centre
Bromsgrove Museum
26 Birmingham Road
Bromsgrove
B61 0DD
Tel.: 0044-1527-831809
Fax: 0044-1527-577983

Birmingham Visitor Information Centre
2 City Arcade
Union Street
Birmingham
B2 4TX
Tel.: 0044-121-6432514

South Warwickshire Tourism Ltd.
Tourist Information Centre
Stratford-upon-Avon Tourist Information Centre
Bridgefoot
Stratford-upon-Avon
CV37 6GW
Tel.: 0044-1789-293127
Fax: 0044-1789-295262
E-Mail: stratfordtic@shakespeare-country.co.uk

Sehenswürdigkeiten:

The Commandery Civil War Centre
Sidbury
Worcester
WR1 2HU
Tel.: 0044-1905-361821
Fax: 0044-1905-361822

Worcester Cathedral
10A College Green
Worcester
WR1 2LH

Royal Worcester Porcelain Works
Severn Street
Worcester
Tel.: 0044-1905-23221
Fax: 0044-1905-23601
E-Mail: rwgeneral@royal-worcester.co.uk
Website: www.royal-worcester.co.uk

Bromsgrove Museum
26 Birmingham Road
Bromsgrove
B61 8HB
Tel.: 0044-1527-831809

Avoncroft Museum of Historic Buildings
Stoke Heath
Bromsgrove
B60 4JR
Tel.: 0044-1527-831363
Fax: 0044-1527-876934

Forge Hill Needle Museum
Needle Mill Lane
Riverside
Redditch
B97 6RR
Tel.: 0044-1527-62509

St. Philips Cathedral
Colmore Row
Birmingham
B3 2QB

Argent Centre
Frederick Street
Hockley
Birmingham
B1 3HH

Birmingham Ghost Trail
Birmingham
B1
Tel.: 0044-121-6936300

Shakespeare Express
Snow Hill Station
Birminham
B19 1AA

Jewellery Quarter
Hockley
Birmingham
B18

Peace Gardens
Holloway Head, Granville Street
Birmingham
B1 1SB

The Royal Shakespeare Company
Waterside
Stratford-upon-Avon
CV37 6BB
Website: www.rsc.org.uk

Stratford Brass Rubbing Centre
The Royal Shakespeare Theatre
Summer House
Avon Bank Gardens
Southern Lane
Stratford-upon-Avon
CV37 6XP
Tel.: 0044-1789-297671

The Teddy Bear Museum
19, Greenhill Street
Stratford-upon-Avon
CV37
Tel.: 0044-1789-293160

Shire Horse Centre
Clifford Road
Stratford-upon-Avon
CV37 8HW
Tel.: 0044-1789-415274
E-Mail: shire.horse@virgin.net

Stratford-upon-Avon Butterfly Farm
Tramway Walk
Swan's Nest Lane
Stratford-upon-Avon
CV37 7LS
Tel.: 0044-1789-299288

Wasserbehörden:

British Waterways Authority
Midlands & South West Region
Peel's Wharf
Lichfield Street
Fazeley
B78 3QZ
Tel.: 0044-1827-252000
Fax: 0044-1827-288071

British Waterways Authority
Lapworth Office
Brome Hall Lane
Lapworth
B94 5RB
Tel.: 0044-1564-784634
Fax: 0044-1564-784640

Häfen:

Diglis Basin Offside (Wasser, Treibstoff, Sanitäreinrichtungen)
Tel.: 0044-1564-784634

Diglis Yacht Chandler (Wasser, Treibstoff, Sanitäreinrichtungen)
Tel.: 0044-1905-358758

Diglis Inner Basin (Wasser, Treibstoff, Sanitäreinrichtungen)
Tel.: 0044-1905-358758

Diglis Outer Basin (Wasser, Treibstoff, Sanitäreinrichtungen)
Tel.: 0044-1905-358758

Lowesmoor Wharf (Wasser, Sanitäreinrichtungen)
Tel.: 0044-1905-610660

Tibberton (Wasser, Treibstoff, Sanitäreinrichtungen)
Tel.: 0044-1564-784634

Dunhampstead (Wasser, Treibstoff, Sanitäreinrichtungen)
Tel.: 0044-1564-784634

Dunhampstead Wharf (Wasser, Sanitäreinrichtungen)
Tel.: 0044-1905-773889

Hanbury Wharf (Wasser, Sanitäreinrichtungen)
Tel.: 0044-1527-771018

Pinders Boatbuilders (Wasser, Sanitäreinrichtungen)
Tel.: 0044-1527-876438

Stoke Wharf (Wasser, Sanitäreinrichtungen)
Tel.: 0044-1527-575115

Tardebigge South (Wasser, Treibstoff, Sanitäreinrichtungen)
Tel.: 0044-1564-784634

Tardebigge Wharf (Wasser, Treibstoff, Sanitäreinrichtungen)
Tel.: 0044-1564-784634

Tardebigge North (Wasser, Sanitäreinrichtungen)
Tel.: 0044-1564-784634

Dartline Ltd. (Wasser, Sanitäreinrichtungen)
Tel.: 0044-1527-873898

Scarfield Wharf (Wasser, Sanitäreinrichtungen)
Tel.: 0044-121-4452909

Orchard Moorings (Wasser, Sanitäreinrichtungen)

Alvechurch (Wasser, Treibstoff, Sanitäreinrichtungen)
Tel.: 0044-1564-784634

Alvechurch Offside (Wasser, Sanitäreinrichtungen)

Bittell Reservoir (Wasser, Treibstoff, Sanitäreinrichtungen)
Tel.: 0044-1564-784634

Kingswood Basin Moorings (Wasser, Sanitäreinrichtungen)
Tel.: 0044-1654-784634

Frank Lyons Boatyard (Wasser, Sanitäreinrichtungen)
Tel.: 0044-121-4744977

Earlswood Marina (Wasser, Treibstoff, Sanitäreinrichtungen)

Warings Green (Wasser, Sanitäreinrichtungen)
Tel.: 0044-1564-778210

Swallow Cruisers (Wasser, Sanitäreinrichtungen)
Tel.: 0044-1564-783442

Briar Cottage (Wasser, Sanitäreinrichtungen)
Tel.: 0044-1564-782379

Lowsonford (Wasser, Treibstoff, Sanitäreinrichtungen)
Tel.: 0044-1564-784634

The Wharf, Solihull (Wasser, Sanitäreinrichtungen)
Tel.: 0044-1564-793427

Western Road Stratford-upon-Avon (Wasser, Sanitär)
Tel.: 0044-1789-415671

Bancroft Basin (Wasser, Sanitäreinrichtungen)

Stratford Marina (Wasser, Treibstoff, Sanitäreinrichtungen)

Restaurants:

Brown's
24 Quay Street
Worcester
WR1 2JJ
Tel.: 0044-1905-26263
Fax: 0044-1905-25768
(Ehemalige Mühle am Flussufer, traditionelle englische Küche.)

Diglis House – Hotel-Restaurant
Severn Street
Worcester
WR1 2NF
Tel.: 0044-1905-353518
Fax: 0044-1905-767772
(Georgianisches Haus am Ufer der Severn, traditionelle und internationale Küche.)

Glass House
Church Street
Worcester
WR1 2RH
Tel.: 0044-1905-611120
(Ehemaliges Schulgebäude aus dem 16. Jahrhundert.)

Rossini
6 Worcester Road
Droitwich
WR9 8AB
Tel.: 0044-1905-794799
Fax: 0044-1905-775175
(Exzellentes italienisches Restaurant.)

Grafton Manor – Hotel-Restaurant
Grafton Lane
Bromsgrove
B61 7HA
Tel.: 0044-1527-579007
Fax: 0044-1527-575221
(Herrenhaus aus dem 16. und 18. Jahrhundert, britische und indische Küche.)

Sir Edward Elgar's
12 Hagley Road
Birmingham
B16 8SJ
Tel.: 0044-121-4521144
Fax: 0044-121-4563442
(Jugendstil-Restaurant.)

Victorian Restaurant – Hotel-Restaurant
16-24 Wolverhampton Road, Oldbury
Birmingham
B68 0LH
Tel.: 0044-121-4293757
Fax: 0044-121-4343107

(Ursprüngliches viktorianisches Mobiliar und Erinnerungsstücke, traditionelle Küche mit regionalen Produkten.)

La Toque D'Or
27 Warstone Lane, Hockley
Birmingham
B18 6JQ
Tel.: 0044-121-2333655
Fax: 0044-1562-754957
(Ehemaliges Walzwerk mit Backsteinmauerwerk und Buntglas. Jahreszeitliche französische Küche.)

Trevelyan
Warwick Road
Stratford-upon-Avon
CV37 0NR
Tel.: 0044-1789-295252
Fax: 0044-1789-414666
(Herrensitz aus dem 19. Jahrhundert im Stil der Epoche Jakobs I., englische und französische Küche.)

David Garrick – Hotel-Restaurant
Chapel Street
Stratford-upon-Avon
CV37 6ER
Tel.: 0044-870-4008182
Fax: 0044-1789-415411
(In Holz gebauter Gasthof aus dem 17. Jahrhundert, mittelalterliches Ambiente.)

Stratford Victoria – Hotel-Restaurant
Arden Street
Stratford-upon-Avon
CV37 6QQ
Tel.: 0044-1789-271000
Fax: 0044-1789-271001
(Sehr traditionelle britische Küche.)

Desport's
13-14 Meer Street
Stratford-upon-Avon
CV37 6QB
Tel.: 0044-1789-269304
Fax: 0044-1789-269304
(Holzverkleidetes Wirtshaus, Wände aus Flechtwerk, herausragende Balken und polierte Holzböden, aktuelle britische Küche.)

Lambs
12 Sheep Street
Stratford-upon-Avon
CV37 6EF
Tel.: 0044-1789-292554
(Stadthaus aus dem 16. Jahrhundert, einfache englische Küche.)

Natur zum »Anfassen« in den Norfolk Broads.

GEDULD UND GUMMISTIEFEL

Tour-Daten

Charakter: Eine Reise für die Naturliebhaber unter Ihnen: Seen, Moore und Marschen – eine einzigartige Landschaft aus Flüssen und Feuchtgebieten wartet auf Sie. Entdecken Sie ein faszinierendes Naturschutzgebiet, in dem seltene Arten wie Teichrohrsänger, Höckerschwäne, Schwalbenschwanz und viele Orchideenarten ein neues Zuhause gefunden haben.

Wasserstraßen: Norfolk Broads North (River Bure, River Ant, River Thurne)

Strecke: Wroxham–Great Yarmouth

Dauer: 1 Woche

Anzahl der Schleusen: 0

Größter Tiefgang: 1,80 m

Größte Höhe: 2,10 m

Wer »Norfolk Broads« sagt, meint nicht nur sieben Flüsse, die sich auf kleinstem Raum durch den äußersten Osten Englands schlängeln, sondern vor allem die zig kleinen Seen, Moore und Marschen, die dieser Gegend ein unverwechselbares Gesicht geben. Hinter jeder Flussbiegung wartet ein neues Feuchtgebiet auf den wagemutigen Entdecker, jeder noch so kleine Tümpel beherbergt eine eigene Tier- und Pflanzenwelt. Mit Gummistiefeln und Fernglas bewaffnet, kann der Geduldige nahezu ausgestorbene, nur noch hier vorkommende Arten beobachten.

Die Geschichte der Broads beginnt im Mittelalter. Im 12. Jahrhundert war der Osten Norfolks kein undurchdringliches Waldgebiet mehr, längst waren die Bäume zum Zwecke der Brennstoff- und Baumaterialgewinnung nach und nach gerodet worden. In den folgenden 350 Jahren war der Hauptwirtschaftszweig der Gegend die Torfgewinnung. Wer sich schon einmal in Norddeutschland aufmerksam umgesehen hat, der kennt den Effekt, den der Torfabbau auf die Landschaft hat: Die ausgehobenen Gruben füllen sich nach und nach mit Grundwasser, und im Laufe der Jahre entwickelt sich eine Seenlandschaft dort, wo einst dichte Wälder standen.

Das zweite wirtschaftliche Standbein der Landbevölkerung war die Viehzucht. Zahlreiche Mühlen sorgten dafür, dass das Weideland nicht überschwemmt wurde. Kühe und vor allem Schafe gediehen prächtig auf den mittlerweile entstandenen Marschwiesen und waren zudem dafür verantwortlich, dass große Pflanzen keine Chance mehr hatten, Fuß zu fassen.

Und so liegen Ihnen nun die Norfolk Broads wie ein Flickenteppich aus Wasser, Moor und Grasland zu Füßen. Schon Ende des 19. Jahrhunderts erkannte John Loynes die Bedeutung der Broads als Erholungsgebiet und eröffnete den ersten Bootsverleih. Über 200 Kilometer schleusenfreie Wasserstraßen stehen Ihnen zur Verfügung, lediglich bei einigen Brücken ist aufgrund der geringen Durchfahrtshöhe Vorsicht geboten. Doch die hier zu mietenden Boote tragen den speziellen Umständen natürlich Rechnung, so dass gerade die Norfolk Broads ein ideales Anfängerrevier sind. Unzählige Anlegestellen sorgen für einen ruhigen und komfortablen Bootsurlaub.

Die Verwaltung der Häfen und Anlegestellen liegt bei der »Broads Authority«, einer Naturschutz- und Aufsichtsbehörde für dieses Gebiet. Im Laufe der Jahre ist hier ein äußerst fragiles ökologisches Gleichgewicht entstanden, das nur mittels eines sanften Tourismus zu erhalten ist. Um die empfindliche Fauna und Flora nicht zu stören, sind einige wenige der Seen, der »Broads«, für den Schiffsverkehr gesperrt. Halten Sie sich also unbedingt an die vorgeschriebenen Fahrrinnen und örtlichen Geschwindigkeitsbegrenzungen!

Sie könnten den knapp 40 Kilometer langen River Bure, den Hauptfluss der nördlichen Broads, selbstverständlich an einem, höchstens zwei Tagen bereisen, ebenso das südliche Gebiet der Broads. Doch gerade hier, mehr noch als auf anderen Flüssen und Kanälen, gilt das Prinzip des Genusses der Langsamkeit. Planen Sie Ihre Ferien auf diesen Gewässern nicht allzu sehr vor, die überwältigende Natur wird sie ohnehin die Zeit vergessen lassen. Dementsprechend haben wir die Norfolk Broads in eine nördliche und eine südliche Tour aufgeteilt, die beide jeweils in etwa einer Woche zu bewältigen sind. Des weiteren haben wir bewusst auf Entfernungsangaben verzichtet, um Ihnen die Gelegenheit zu geben, das ausgedehnte Gebiet ganz nach Ihrem Belieben zu bereisen.

Während die südlichen Broads einige städtische Highlights aufzuweisen haben, ist ein Besuch im Norden eher von »Natur pur« geprägt. Sie sollten also auf jeden Fall wetterfeste Kleidung, Wanderschuhe und vielleicht sogar Fahrräder an Bord haben (diese können Sie jedoch auch an verschiedenen Stationen mieten). Mit einem Fernglas ist Ihre Ausrüstung dann perfekt und Sie können sich beim Anpirschen an

Eisvögel und Graugänse fühlen wie Charles Darwin auf Entdeckungsreise.

Wroxham

Ein guter Ausgangspunkt für Ihre Reise ist Wroxham, die heimliche Hauptstadt der nördlichen Broads. Hier ist auch der Ort, an dem 1878 der erste Bootsverleih von John Loynes eröffnet wurde. Seitdem hat die Stadt sich zu einem wahren Mekka der Bootstouristen entwickelt: Ein vorzüglicher Hafen, zahllose Geschäfte, Schiffsausstatter, Andenkenläden... Auch wenn die Architektur der Stadt nicht unbedingt zum Verweilen einlädt – vom Wasser aus betrachtet sieht die Welt ganz anders aus: Kleine Cottages säumen den Fluss, mit gepflegten Gärten, die bis ans Wasser reichen, und hinter hohen Bäumen lassen sich große Anwesen erahnen. Schwäne, Gänse und auch Möwen brüten in den Uferbänken.

Gleich gegenüber, auf der anderen Seite des Flusses und über eine Fußgängerbrücke gut zu erreichen, liegt das Örtchen Hoveton St. John, das mittlerweile zu einem Stadtteil von Wroxham geworden ist. Sollten Sie Ihre erste Nacht noch nicht auf dem Boot verbringen wollen, so mieten Sie sich im »Hotel Wroxham« ein, das mit seiner zauberhaften Lage direkt am Ufer besticht.

Coltishall

Folgen Sie zunächst dem River Bure flussaufwärts bis ans Ende seiner Schiffbarkeit beim Städtchen Coltishall. Genießen Sie noch für einige Kilometer die privaten Einblicke in die Gärten und lassen Sie sich zwischen baumbestandenen Ufern über die Mäander des Bure treiben. Coltishall lockt nicht nur mit seinem wunderschön ländlich gelegenen Hafen, sondern vor allem mit der Vielzahl seiner Antiquitätengeschäfte. Entweder riskieren Sie einen erhöhten Tiefgang oder Sie lassen sich Ihre Lieblingsstücke bis zum Ende Ihrer Reise zurücklegen!

Ranworth

Zurück auf dem Fluss, vorbei an Ihrem Ausgangspunkt Wroxham, erreichen Sie nach einer Weile den ersten Broad, in den Sie einfahren können, den »Malthouse Broad«, der von drei Seiten vom Naturschutzgebiet »Bure Marshes« umgeben ist. Machen Sie im Hafen des Örtchens Ranworth fest und erkunden Sie ausführlich die Gegend. Das »Broadland Conservation Centre« in Ranworth steht Ihnen hierbei gern mit Rat und Tat zur Seite und verrät Ihnen die versteckten Plätze, an denen die seltene Sumpforchidee blüht. Das Centre bietet auch geführte Touren mit einem extra leisen Elektroboot an, mit dem auch die verborgensten Brutplätze zu entdecken sind. Auf dem Rückweg Ihrer Wanderung machen Sie Halt bei der »St. Helen's Church« aus dem Jahre 1370, von deren 29 Meter hohem Turm Sie eine atemberaubende Aussicht über die Broads haben.

Vorbei an weiteren kleineren und größeren Seen mündet bald der River Ant in den Bure. Folgen Sie seinem Lauf durch hügeliges Marschland etwa 15 Kilometer gen Norden. Ein erster Halt bietet sich an beim »How Hill«, einem sumpfigen Reservat, das die Heimat von zahllosen Watvögeln ist. Ganz in der Nähe befindet sich das »Toad Hole Cottage«, ein Museum der Aalfänger. Der How Hill ist gesprenkelt mit alten Windmühlen, die heute nicht mehr in Betrieb sind, in alten Zeiten aber dafür sorgten, dass das Sumpfland entwässert und für die Landwirtschaft nutzbar gemacht wurde.

Sutton/Stalham

Eine gute Möglichkeit zur Übernachtung in freier Natur bieten die Anlegeplätze in Irstead und Neatishead. Wer es etwas komfortabler haben möchte, der kann durch den »Barton Broad« weiter flussaufwärts in den »Sutton Broad« einfahren und einen der Häfen von Sutton oder Stalham anlaufen, die eine gute Infrastruktur bieten. Beste Einkaufsmöglichkeiten finden Sie in beiden Städten.

In Stalham befindet sich auch das »Museum of the Broads«, das die komplette Geschichte der Norfolk Broads und des hier ansässigen Bootsbauerhandwerks beschreibt, und in Sutton können Sie die größte Windmühle Englands bewundern.

Folgen Sie dem gewundenen Lauf des River Ant wieder südwärts und hinein in einige verzweigte Seen, die »South Walsham Broads«, bevor Sie, zurück auf dem River Bure, linker Hand die »St. Benet's Abbey« erreichen. Der Bischof hält noch heute jedes Jahr eine Predigt in der ersten Kirche Norfolks, die aus den Zeiten vor den normannischen Eroberern stammt.

Ludham

Planen Sie mindestens einen Tag für einen Abstecher den River Thurne hinauf (13 km). Ihr erster Halt führt Sie in die Stadt Ludham, eine typische alte Stadt in den Broads mit einer zauberhaften Kirche aus dem 13. Jahrhundert. Von hier aus können Sie lange Spaziergänge durch das Marschland unternehmen oder auch noch einmal den How Hill besuchen, falls Sie ihn auf dem River Ant ausgelassen haben sollten.

Auf Ihrer Weiterfahrt passieren Sie die »Potter Heigham Old Bridge«, eine aus dem Mittelalter stammende Steinbrücke, die für Sie beziehungsweise Ihr Hausboot kein Problem darstellt; Segler jedoch sollten hier ihren Mast legen.

Kurz danach erreichen Sie den »Hickling Broad«, der mit seinen knapp drei Quadratkilometern der größte See der Broads ist und dementsprechend viel Zeit für seine Erkundung beansprucht. Der nächste See ist der »Horsey Mere«, bekannt für seine zahlreichen Brutplätze.

Mittagspause am River Thurne.

Mit viel Zeit und Geduld erhaschen Sie einen Blick auf Eisvögel, Sumpfläufer, buntschillernde Libellen und den seltenen Schwalbenschwanz. Im Herbst wimmelt das Gebiet von Zugvögeln. Gute Anlegemöglichkeiten haben Sie auf der anderen Seite des Flusses bei Martham.

Upton/Acle

Der Thurne fließt nun friedlich vereint mit dem Bure in Richtung Meer, vorbei an den Städtchen Upton und Acle, die sich beide mit ihren vorzüglichen Haltemöglichkeiten als Ausgangspunkt für eine lange Wanderung durch das »Upton Fen Nature Preserve«, eine reizvolle

Moorlandschaft, anbieten. Nach tagelanger Abgeschiedenheit in der Natur können Sie jedoch auch einen kleinen Landgang in Acle machen: Schon die Römer siedelten hier, und Mitte des 13. Jahrhunderts war Acle ein bedeutender Marktflecken. Der Name der Stadt stammt von »in lea of the oaks« (»bei den Eichen«) – hunderte dieser Bäume wurden im 16. Jahrhundert gefällt, um daraus Schiffe für die Flotte von Queen Elisabeth I. zu bauen.

Stokesby

Bei Stokesby können Sie für ein letztes Mal den Fluss verlassen, um Richtung Norden in eine Reihe von Broads einzufahren. Stokesby selbst ist aber auch einen Besuch wert: Die »St. Andrew's Church« stammt aus dem 12. Jahrhundert und verblüfft mit einem strohgedeckten Dach. Sollte unterwegs Ihr Generator versagt haben und Sie abends im Dunkeln sitzen, ist Stokesby genau die richtige Stadt für Sie: Hier wird noch das alte Handwerk des Kerzenziehens ausgeübt. Einen besonders idyllischen Anlegeplatz finden Sie gleich neben der alten Mühle »Stracey Arms Windpump«.

Great Yarmouth

Nach einer Woche inmitten der unberührten Natur, Aug in Auge mit Fauna und Flora, wird die Ankunft in Great Yarmouth sicherlich ein kleiner Schock für Sie sein. Benannt nach dem River Yare, ist die Stadt seit dem Jahr 1000 besiedelt und ein traditionsreicher britischer Seehafen seit dem Mittelalter. Noch heute operiert von hier aus die größte Fischereiflotte Großbritanniens. Ihrer Geschichte ist das »Maritime Museum of East Anglia« gewidmet.

Zwei lange Piers aus dem 19. Jahrhundert und acht Kilometer Strand machen Great Yarmouth zu einem beliebten Ferienort. Rund um die Piers ist ein reichhaltiges kulturelles Angebot zu finden: Entdecken Sie die raue Nordsee von einer ganz anderen Seite – von unten, bei einem Besuch des »Sea Life Centre« und seiner Unterwasser-Tunnels. Die Fische, die Sie gerade noch dort lebendig gesehen haben, können Sie bei einer typischen »Fish'n'-Chips«-Mahlzeit verspeisen oder im Räucherei-Museum »Smoke House« historisch betrachten. Das Museum ist im gleichen Haus untergebracht wie die Keramikwerkstätten »Great Yarmouth Potteries«, in denen Sie

den Töpfern bei Ihrer Arbeit zuschauen und natürlich das eine oder andere Mitbringsel erstehen können.
Im Zentrum der Stadt finden Sie die beeindruckende »St. Nicholas Church«, die im Jahre 1101 vom Bischof Herbert de Losinga gegründet wurde und die bis heute die größte Gemeindekirche Englands ist. Ganz in der Nähe befindet sich auch das Geburtshaus von Anna Sewell, der berühmten Autorin von »Black Beauty«.
Sie können Ihre Reise durch die Norfolk Broads in Great Yarmouth beenden oder aber über den Fluss Yare in Richtung Süden fortsetzen. Diese Tour ist im Anschluss beschrieben – rufen Sie einfach Ihren Chef an und beantragen Sie eine weitere Woche Urlaub!

n Hafen von Great Yarmouth können Sie »große Pötte« ewundern und die frische Seebrise schnuppern.

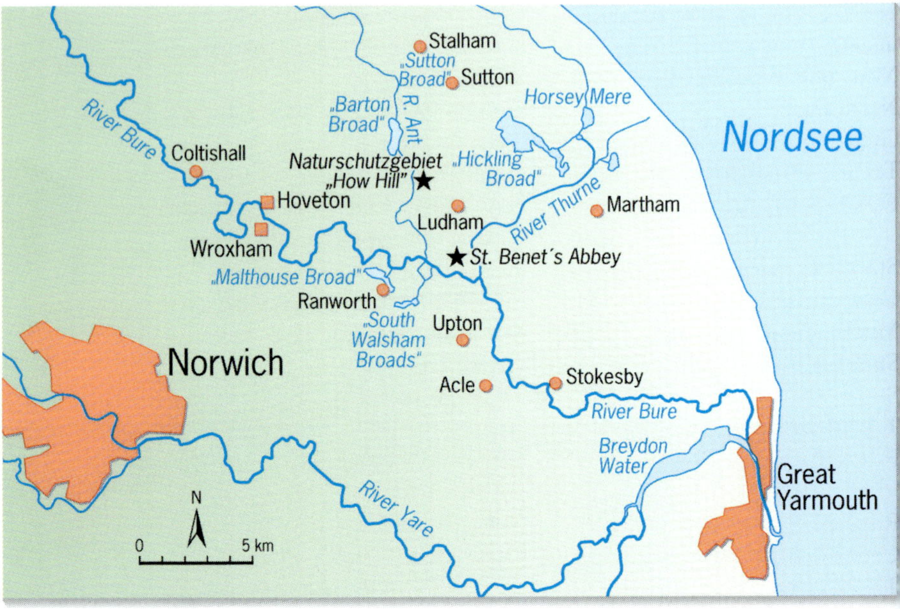

Adressen

Touristische Informationen:

Urlaubsservice Großbritannien
Westendstr. 16-22
60325 Frankfurt
Tel.: 01801-468642
Fax: 069-97112444
E-Mail: gb-info@bta.org.uk

Broadland District Council
Thorpe Lodge
1 Yarmouth Road
Thorpe St. Andrew
Norwich
NR7 0DU
Tel.: 0044-1603-431133
Fax: 0044-1603-300087
Website: www.broadland.gov.uk

Hoveton Broads Information Centre
Station Road
Hoveton
Tel.: 0044-1603-782281
Fax: 0044-1603-782281

How Hill Broads Information Centre
Ludham
Toad Hole Cottage Museum
Tel.: 0044-1692-678763
Fax: 0044-1692-678763

Great Yarmouth Broads Information Centre
North-West Tower
North Quay
Great Yarmouth
Tel.: 0044-1493-332095
Fax: 0044-1493-332095

Stalham Tourist Information Centre
Museum of the Broads
Stalham
Staithe
Tel.: 0044-1692-581681
Fax: 0044-1692-581681

Ranworth Broads Information Centre
The Staithe
Ranworth
Tel.: 0044-1263-270453
Fax: 0044-1263-270453

Tourist Information Centre
Marine Parade
Great Yarmouth
NR30 2EJ
Tel.: 0044-1493-842195
E-Mail: tourism@great-yarmouth.gov.uk
Website: www.great-yarmouth.gov.uk

Great Yarmouth Bourough Council
Town Hall
Great Yarmouth
NR30 2QF
Tel.: 0044-1493-856100
Fax: 0044-1493-846332
E-Mail: gy@great-yarmouth.gov.uk
Website: www.great-yarmouth.gov.uk

Sehenswürdigkeiten:

Maritime Museum of East Anglia
Marine Parade
Great Yarmouth
Tel.: 0044-1493-745526

Sea Life Centre
Tel.: 0044-1493-330631

Great Yarmouth Potteries and Smoke House
18/19 Trinity Place
Great Yarmouth

Fahrradverleih:

Hoveton, Broadland Cycle Hire, The Rhond, Tel.: 0044-1603-783096

Ludham Bridge, Ludham Bridge Boat Services, Tel.: 0044-1692-630486

Neatishead, Barton Angler Country Inn, Tel.: 0044-1692-630740

Stokesby, Riverside Tea Rooms and Stores, Tel.: 0044-1493-750470

Sutton Staithe, Boat Yard, Tel.: 0044-1692-581653

Angeln:

Angel-Erlaubnisscheine der »Environment Agency« erhalten Sie bei jeder Poststelle.

Wasserbehörde:

Broads Authority
18 Colegate
Norwich
NR3 1BQ
Tel.: 0044-1603-610734
Fax: 0044-1603-765710
E-Mail: webenquiries@broads-authority.gov.uk
Website: www.broads-authority.gov.uk

Häfen:

Coltishall

Wroxham

St. Benedict's

Ranworth Marina

Irstead

Neatishead

Sutton

Stalham

Wayford Bridge

Thurne

Ludham Marina

Martin Mere

Upton & Whelpton Boatyard

Acle Bridge

Stokesby

Stracey Arms Windpump

Great Yarmouth

Restaurants:

Norfolk Mead – Hotel-Restaurant
Coltishall
NR12 7D
Tel.: 0044-1603-737531
Fax: 0044-1603-737521

(Lokale Produkte wie Seebarsch, Spargel und Cromer-Krebse. Wintergarten-Bar.)

Kings Head – Hotel-Restaurant
Wroxham Road
Coltishall
NR12 7EA
Tel.: 0044-1603-737426
Fax: 0044-1603-736542
(Vollendete Küche in schlichtem Pub am Fluss Bure.)

Hotel Wroxham – Hotel-Restaurant
The Bridge
Wroxham
NR12 8AJ
Tel.: 0044-1603-782061
Fax: 0044-1603-784279
(Terrasse direkt am Ufer.)

Garden Cottage – Hotel-Restaurant
96 Norwich Road
Wroxham
NR12 8RY
Tel.: 0044-1603-784376
Fax: 0044-1603-783734
(Traditionelle britische Küche.)

Cliff – Hotel-Restaurant
Cliff Hill
Gorsleston-on-Sea
NR31 6DH
Tel.: 0044-1493-662179
Fax: 0044-1493-653617
(Ca. 5 km von Great Yarmouth entfernt.)

Elizabeth Hotel Restaurant »Seaview«
Marine Par
Great Yarmouth
NR30 3AG
Tel.: 0044-1493-855551
Fax: 0044-1493-853338
(Hervorragende Küche mit grandioser Aussicht aufs Meer.)

Rambouillet – Hotel-Restaurant
North Drive
Great Yarmouth
NR30 1EQ
Tel.: 0044-1493-842000
Fax: 0044-1493-852229
(Fisch und Meeresfrüchte.)

ENGLAND: NORFOLK BROADS (SOUTH)

Alte Windmühlen bestimmen das Gesicht der Norfolk Broads.

AUF SCHWANKEN-DEM GRUND

Dunkle Moore und blühende Heideflächen, so weit das Auge reicht. Wälder von Riedgras biegen sich im Wind und bieten jungen Vogelküken Schutz vor der rauen Witterung. Mühlen drehen ihre Arme träge in der Brise, die vom Meer her weht. Von ferne winken die schlanken Kirchtürme der Marktflecken, die sich täglich aufs Neue gegen die allgegenwärtigen Fluten behaupten müssen. Doch diese Mühe nehmen die Bewohner der Broads gerne auf sich: Entschädigt doch die einzigartige Natur für jede Anstrengung.

Während der Norden der Norfolk Broads seit dem Mittelalter mehr darauf spezialisiert war, Torf als Brennmaterial zu gewinnen, sorgte der Süden in erster Linie für die Versorgung der Gegend mit seinen landwirtschaftlichen Produkten. Die Flüsse Norfolks und Suffolks waren ideale Transportwege für den Austausch der Güter, auch für den Handel mit den Seehäfen Great Yarmouth und Lowestoft im Osten. Gemüse, Schlachtvieh, Torf und Seefisch wurden in den traditionellen Segelschiffen der Broads, den »wherries«, hin und her transportiert. Doch auch die Broads selbst haben eine lange Fischereitradition:

Tour-Daten

Charakter: Fast wähnt man sich in Holland: Blühende Heidelandschaften und Windmühlen, so weit das Auge reicht. Auch hier: Natur pur. Doch auch die Kultur kommt nicht zu kurz: Spazieren Sie auf den Piers der lebhaften Hafenstädte Great Yarmouth und Lowestoft ins Meer hinaus und atmen Sie lebendige Historie in Norwich, der Hauptstadt der Grafschaft Norfolk.

Wasserstraßen: Norfolk Broads South (River Yare, River Waveney, River Chet, River Wensum)

Strecke: Great Yarmouth–Norwich

Dauer: 1 Woche

Anzahl der Schleusen: 0

Größter Tiefgang: 2,00 m

Größte Höhe: 2,10 m

Die Flüsse und Seen sind ein Laichgebiet der Aale, die jedes Jahr von der Nordsee ihre Wanderung in die stillen Winkel des Naturschutzgebietes antreten.

Heute wie vor Hunderten von Jahren ist die Entwässerung der besiedelten Gebiete von größter Bedeutung. Zwar haben diese Aufgabe mittlerweile elektrische Pumpstationen übernommen, doch die alten Wassermühlen sind liebevoll restauriert und zum Wahrzeichen der Norfolk Broads geworden. Sie werden einigen von ihnen auf Ihrem Weg begegnen, und wenn Sie

Glück haben, ist die eine oder andere von ihnen sogar in Betrieb.
Das Gesicht der südlichen Broads ist nicht so sehr von Seen, Teichen und Tümpeln geprägt wie das des Nordens; Ihre Reise verläuft zum größten Teil über die Flüsse Yare, Waveney, Chet und Wensum. Dennoch sei auch an dieser Stelle noch einmal ausdrücklich auf den Status des Gebietes als Naturreservat hingewiesen. Sperrungen aus ökologischen Gründen sind hier im Süden zwar seltener als im Norden, aber auch die hiesigen Uferbänke beherbergen seltene Tiere und Pflanzen, die unseres besonderen Schutzes bedürfen. Verlassen Sie also niemals die ausgewiesenen Fahrrinnen und bedenken Sie, dass eine überhöhte Geschwindigkeit Wirbel und Strömungen verursachen kann, die für kleinere Tiere und Pflanzen gefährlich sind. Die »Broads Authority« hat im übrigen für genügend Anlegestellen und Häfen gesorgt, die es Ihnen ermöglichen, fast jeden Winkel der Gegend zu erkunden – wenn nicht per Boot, dann per pedes oder mit dem Rad.
Wie schon bei der vorhergehenden Tour haben Sie keinerlei Mühe mit Schleusen, und die Brücken haben alle eine bequeme Durchfahrtshöhe. Ebenso gilt auch hier wieder das Prinzip der genussvollen Langsamkeit und des (nahezu) ziellosen Dahintreibens, so dass wir erneut auf Kilometerangaben verzichtet haben. Für die Strecke von Great Yarmouth an der Küste bis nach Norwich im Binnenland inklusive der Abstecher in die Nebenflüsse benötigen Sie etwa eine Woche Reisezeit.
Während der Schwerpunkt Ihrer Reise durch die nördlichen Broads auf dem Genuss der einzigartigen Natur lag, bewegen Sie sich bei der im Folgenden beschriebenen Tour durch ein wenig dichter besiedelte Gebiete. Die stete Abwechslung von unberührter Landschaft und traditionellen Moor- und Heidesiedlungen mit großem kulturellen Angebot lassen Ihren Urlaub zu einem unvergesslichen Erlebnis werden.

Great Yarmouth

Am Endpunkt der vorher beschriebenen Tour beginnt Ihre Reise durch den Süden der Norfolk Broads. Erfahren Sie in der traditionsreichen Seefahrerstadt Great Yarmouth alles Wissenswerte über das Meer im »Maritime Museum of East Anglia«, dem das »Sea Life Centre« angeschlossen ist. Zwar ist Great Yarmouth immer noch ein bedeutender Hafen an Großbritanniens Küste, doch mehr und mehr übernimmt der Tourismus das Regiment – kein Wunder, bei acht Kilometer langen Stränden und zwei malerischen Piers aus dem 19. Jahrhundert! Wahrscheinlich ging hier schon Anna Sewell spazieren, die Schöpferin des unsterblichen »Black Beauty«. Ihr Geburtshaus ist gleich neben der »St. Nicholas Church« im Stadtzentrum zu besichtigen. Nahrung für Seele und Körper finden Sie in den »Great Yarmouth Potteries«: Zauberhafte Keramiken lassen Ihr Herz höher schlagen und nur eine Tür weiter findet Ihr Magen Befriedigung im »Smoke House«, einem Museum des alten Handwerks der Fischräucherei.

Bevor Sie sich mit Ihrem Boot auf die Reise machen, unternehmen Sie noch einen kleinen Ausflug ein paar Kilometer nördlich von Great Yarmouth: In Caister ist »Venta Icenorum« zu besichtigen, die erste römische Garnison in Norfolk. Reste eines Kais am River Tas, einer Verbindung zum River Yare, belegen, dass diese Anlage zwischen 50 und 150 n. Chr. genutzt wurde.

Sobald Sie Great Yarmouth verlassen haben, befahren Sie den großen See »Breydon Water«, an dessen Ende Sie sich links halten und in den River Waveney einfahren. Am Ufer des Sees steht die größte Wassermühle Englands: Die »Barney Arms Mill«. Sollten Sie jetzt schon Lust verspüren, die Umgebung zu Fuß zu erkunden, können Sie in der nahe gelegenen Marina von Burgh Castle anlegen. Die Ufer des langgestreckten Sees sind für Sportboote allerdings tabu: Im Breydon Water ist noch der Einfluss der Gezeiten spürbar, und so konnte sich hier ein einzigartiges ökologisches System aus Wasserpflanzen, Insekten und brütenden Vögeln etablieren.

St. Olaves

Nur wenige Kilometer weiter erreichen Sie den kleinen Marktflecken St. Olaves, schon von weitem sichtbar durch den Turm seiner Kirche »St. Olaves Priory« aus dem 13. Jahrhundert. Lassen Sie die alte Mühle links liegen und unternehmen Sie einen Ausflug in die »Fritton Marshes«, ein typisches, seenahes Marschgebiet, die Heimat für zahllose Vogelarten.

Zauberhafte Cottages verstecken sich hinter dichten Hecken.

Somerlayton

Wieder zurück auf dem Wasser, passieren Sie das Örtchen Somerlayton mit seinem eleganten Landsitz »Somerlayton Hall«, das zwar in Privatbesitz ist, aber sonntags und donnerstags für das interessierte Publikum geöffnet wird (Juli und August auch dienstags).

Lowestoft

Durch dicht mit Riedgras bewachsene Ufer nähern Sie sich dem zweiten bedeutenden Seehafen der Region, Lowestoft. Erstmals in Betrieb genommen im 14. Jahrhundert, verliert der Handelshafen mehr und mehr an Bedeutung, zum einen aufgrund der florierenden Konkurrenz im Norden, Great Yarmouth, zum anderen wegen des zunehmenden Tourismus. Zwei Piers, eine zauberhafte Promenade und lange weiße Sandstrände locken Erholungssuchende und Wassersportler gleichermaßen in den östlichsten Ort Großbritanniens. Am Ende der schiffbaren Strecke des River Waveney liegt ein äußerst komfortabler Sportboothafen, in dem Sie über Nacht festmachen können, bevor Sie sich am nächsten Tag aufmachen, den südlichen Teil des Flusses zu erkunden.

Beccles

Beccles war zu Zeiten der Sachsen ein florierender Hafen, und auch seine Vergangenheit als bedeutende Marktstadt ist nicht zu übersehen: Die Altstadt mit ihren zahlreichen historischen Gebäuden ist äußerst sehenswert. Besuchen Sie zum Beispiel die achteckige ehemalige Town Hall aus dem 18. Jahrhundert, die heute das »Beccles and District Museum« beherbergt. In der Kirche »St. Michael's« heirateten 1749 die Eltern des berühmten Seefahrers und Admirals Lord Nelson.
Die Stadt hält eine Marina mit guter Infrastruktur für Sportboote bereit, und im Zentrum finden Sie Einkaufsmöglichkeiten zuhauf, unter anderem für Antiquitäten oder Kunsthandwerk wie mundgeblasenes Glas.
Auch wenn Sie die Stadt mit dem Boot nicht erreichen können, da bei Geldeston die schiffbare Strecke endet, sollten Sie Bungay einen Besuch abstatten. Inmitten fruchtbarer Marschwiesen gelegen, ist der Turm von »St. Mary's« ein weithin sichtbares Wahrzeichen der Gegend. Wesentlich älter ist das Schloss von Bungay: Von den Normannen im Jahr 1165 erbaut, wurde es im Laufe der Jahrhunderte stetig verändert und ist heute eine der Hauptattraktionen von Bungay. Ein eigenes Museum informiert über die spannende Geschichte der Stadt.
Die Gebäude rings um den alten Markplatz wurden fast alle beim großen Feuer von 1688 zerstört, lediglich die »Holy Trinity Church« hielt den Flammen stand. Das berühmte »Buttercross«, ein Rundturm inmitten des Platzes, der in früheren Zeiten als Gefängnis diente, musste ebenfalls neu erbaut werden.
Nicht weit von Bungay entfernt haben Sie in Earsham die einmalige Gelegenheit, seltene Fischotter aus der Nähe zu sehen. Die hiesige Zuchtstation kümmert sich um die Vermehrung der vom Aussterben bedrohten Tierart, um sie später in die Freiheit zu entlassen.

Reedham

Sie verlassen nun wieder die sanften Hügel Suffolks und fahren auf dem River Waveney zurück in Richtung Nordwesten. Kurz nach der Einmündung des

River Yare könnte Ihr nächster Halt die Marina von Reedham sein. Reedham ist zwar nur ein kleines Dorf, aber dennoch bietet es gute Einkaufsmöglichkeiten sowie eine Post, wo Sie nicht nur Ihre Ansichtskarten abschicken, sondern auch eine Angellizenz erwerben können. Wenn Sie ein wenig Zeit haben, warten Sie, bis die Kettenfähre ihre Tätigkeit aufnimmt, die letzte, die in England noch in Betrieb ist. Während des Fährbetriebs ist selbstverständlich jeder andere Bootsverkehr verboten!

Loddon

Knapp zwei Kilometer hinter Reedham zweigt der River Chet ab. Folgen Sie ihm auf sechs Kilometer bis nach Loddon, das mit seinen gleich drei Anlegern eine gute Übernachtungs- und Einkaufsmöglichkeit bietet. Die Anfänge der Siedlung am Ufer des Chet sind zwar in den Nebeln der Zeit verschwunden, doch sicher ist, dass hier schon in alter Zeit eine befestigte Furt entstand. Die historischen Kaianlagen dienten den »wherries«, den traditionellen Frachtseglern der Broads, zum Be- und Entladen. Weitere historische Bauwerke liegen inmitten der Stadt selbst: Die »Holy Trinity Church« aus dem 15. Jahrhundert zum Beispiel, oder die »Hales Hall« aus gleicher Zeit. Beeindruckend ist vor allem der Garten der »Hales Hall«: Im milden Klima Norfolks wachsen selbst Zitronen, Grapefruits und Feigen!

Brundall

Nehmen Sie den letzten Teil Ihrer Reise durch die südlichen Broads in Angriff und fahren Sie weiter auf dem River Yare Richtung Nordwesten. Auf Ihrem Weg nach Norwich bietet sich die Marina von Brundall als Zwischenstopp an. Das Zentrum des kleinen Städtchens spiegelt mit seiner Architektur die letzten drei Jahrhunderte wider. Im Sommer ist der Fluss gesprenkelt mit den weißen Segeln der Boote, die von Norwich für einen Five-o'clock-tea hierher kommen.

Norwich

Am Ende dieser ereignisreichen Woche erreichen Sie Norwich, die Hauptstadt der Grafschaft Norfolk und Sitz der »University of East Anglia«. Bereits im Jahr 1194 bekam Norwich die Stadtrechte von Richard I. zugesprochen, und seit dieser Zeit entwickelte sich die ehemalige angelsächsische Siedlung stetig weiter zu einer blühenden Weberstadt.

Wahrzeichen der Stadt ist zweifelsohne die »Norwich Cathedral«, deren Ursprünge im Jahr 1096 als Benediktiner-Abtei liegen. Der Kirchhof beherbergt noch heute den alten Bischofspalast und den Friedhof der Mönche. Zahlreiche Gebäude aus den letzten knapp 1000 Jahren werden seit 1960 liebevoll restauriert und sind mittlerweile für Besichtigungen wieder geöffnet. So zum Beispiel die »Dragon Hall«, eine fast in Vergessenheit geratene mittelalterliche Markthalle. Ebenfalls fast aus der Erinnerung verschwunden ist eine berühmte Tochter der Stadt: Julian of Norwich, die als erste Frau überhaupt ein Buch in englischer Sprache schrieb. Die Stätte ihres Schaffens können Sie in unmittelbarer Nähe der »St. Julian's Church« besichtigen.

Vom kleinsten zum größten Museum der Stadt: Das »Norwich Castle Museum & Art Gallery«, liegt, wie sein Name schon sagt, im Schloss von Norwich und

Besonders an Sonntagnachmittagen ist der Anleger von Norwich gut besucht.

gibt einen guten Überblick über die Geschichte der Stadt und der Grafschaft.

Beschließen Sie Ihre Reise mit dem Besuch einer typisch englischen Einrichtung, einem Kleinod der Gartenbaukunst. Nicht weit von Stadtzentrum entfernt liegt der »Plantation Garden«, eine viktorianische Gartenanlage aus dem Jahr 1856, die noch heute so liebevoll gepflegt wird wie in den Zeiten ihres Erbauers, Henry Trevor.

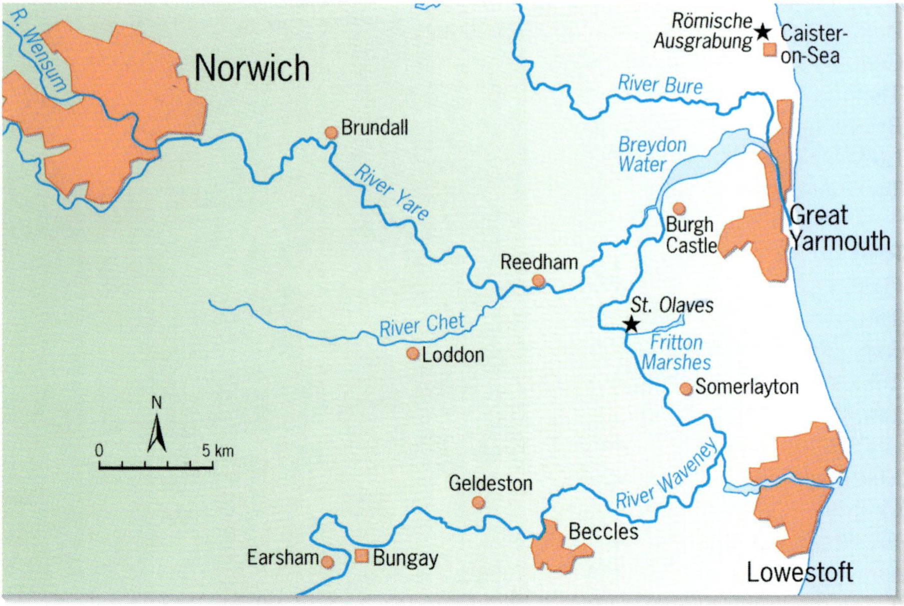

Adressen

Touristische Informationen:

Urlaubsservice Großbritannien
Westendstr. 16-22
60325 Frankfurt
Tel.: 01801-468642
Fax: 069-97112444
E-Mail: gb-info@bta.org.uk

Broadland District Council
Thorpe Lodge
1 Yarmouth Road
Thorpe St. Andrew
Norwich
NR7 0DU
Tel.: 0044-1603-431133
Fax: 0044-1603-300087
Website: www.broadland.gov.uk

Great Yarmouth Broads
Information Centre
North-West Tower
North Quay
Great Yarmouth
Tel.: 0044-1493-332095
Fax: 0044-1493-332095

Beccles Broads Information
Centre
The Quay
Fen Lane
Beccles
Tel.: 0044-1502-713196
Fax: 0044-1502-713196

Loddon Broads Information
Centre
The Old Town Hall
Bridge Street
Loddon
Tel.: 0044-1508-521028

Ranworth Broads Information
Centre
The Staithe
Ranworth
Tel.: 0044-1603-270453
Fax: 0044-1603-270453

Lowestoft Broads Information
Centre
East Point Pavillon
Lowestoft
Tel.: 0044-1502-533600

Tourist Information Centre
Marine Parade
Great Yarmouth
NR30 2EJ
Tel.: 0044-1493-842195
Website: www.great-
yarmouth.gov.uk

Great Yarmouth Bourough
Council
Town Hall
Great Yarmouth
NR30 2QF
Tel.: 0044-1493-856100
Fax: 0044-1493-846332
Website: www.great-
yarmouth.gov.uk

Broadland and East Suffolk
Tourism Association
BEST Association
c/o 6 Pakefield Road
Lowestoft
NR33 0HS
Tel.: 0044-1502-523000
Website:
www.best.lowestoft.org.uk

Bungay Castle Visitors Centre
The Market Place
Bungay
NR35 2AQ
Tel.: 0044-1986-893002

Norwich Tourist Information
Centre
The Forum
Mellennium Plain
Norwich
NR2 1TF
Tel.: 0044-1603-727927
Fax: 0044-1603-727927
E-Mail:
tourism@norwich.gov.uk

Sehenwürdigkeiten:

Maritime Museum of East
Anglia
Marine Parade
Great Yarmouth
Tel.: 0044-1493-745526

Sea Life Centre
Tel.: 0044-1493-330631

Great Yarmouth Potteries and Smoke House
18/19 Trinity Place
Great Yarmouth

Beccles and District Museum
Leman House, Ballygate
Beccles
NR34 9ND
Tel.: 0044-1502-715722
E-Mail: curator@becclesmuseum.org.uk

Bungay Castle
6 Cross Street
Bungay
NR35 1AU
Tel.: 0044-1986-896156

The Otter Trust
Earsham
Bungay
NR35 2AF
Tel.: 0044-1986-893470
Fax: 0044-1986-892461
Website: www.ottertrust.org.uk

Norwich Castle Museum & Art Gallery
Castle Meadow
Norwich
Tel.: 0044-1603-493625

Dragon Hall
King Street
Norwich
Tel.: 0044-1603-663922

Norwich Cathedral
The Close
Norwich
Tel.: 0044-1603-218300

Plantation Garden
Chester Place
Norwich NR2 3DG
Tel.: 0044-1603-621868
Website: www.plantationgarden.co.uk

Angeln:

Angel-Erlaubnisscheine der »Environment Agency« erhalten Sie bei jeder Poststelle.

Wasserbehörde:

Broads Authority
18 Colegate
Norwich
NR3 1BQ
Tel.: 0044-1603-610734
Fax: 0044-1603-765710
Website: www.broads-authority.gov.uk

Häfen:

Great Yarmouth

Burgh Castle Marina

Lowestoft

Oulton Broad

Waveny River Centre (Oulton Dyke)

Beccles, end of navigation

Loddon Marina

Breydon Water / Breydon Arms Mill

St. Olaves

Reedham Marina

Brundall Marina

Thorpe St. Andrew Marina

Norwich Yacht Station

Restaurants:

Cliff – Hotel-Restaurant
Cliff Hill
Gorsleston-on-Sea
NR31 6DH
Tel.: 0044-1493-662179
Fax: 0044-1493-653617
(Ca. 5 km von Great Yarmouth entfernt.)

Elizabeth Hotel Restaurant
»Seaview«
Marine Par
Great Yarmouth
NR30 3AG
Tel.: 0044-1493-855551
Fax: 0044-1493-853338
(Hervorragende Küche mit grandioser Aussicht auf das Meer.)

Old Rectory
Caistor St. Edmund
NR14 8QS
Tel.: 0044-1508-492490
Fax: 0044-1508-495172
(Georgianisches Pfarrhaus, biologische und lokale Produkte.)

The Crooked Barn – Hotel-Restaurant
Ivy Lane
Oulton Broad
NR33 8HY
Tel.: 0044-1502-501353
Fax: 0044-1502-501539
(Umgewandelte strohgedeckte Scheune aus dem 18. Jahrhundert, moderne britische Küche.)

Beeches – Hotel-Restaurant
2-6 Earlham Road
Norwich
NR2 3DB
Tel.: 0044-1603-621167
Fax: 0044-1603-620151
(Blick über den Plantation Garden, moderne britische Küche.)

St Benedicts
9 St Benedicts Street
Norwich
NR2 4PE
Tel.: 0044-1603-765377
Fax: 0044-1603-765377

10 Goldene Regeln für Ihre Sicherheit auf dem Wasser

Jeder Skipper und Kapitän sollte die zehn wichtigsten Regeln für das Verhalten auf dem Wasser kennen und vor allem natürlich auch berücksichtigen, und zwar im Interesse der eigenen Sicherheit und der seiner Besatzung/Begleitung. Das gilt auch und gerade für den Skipper/Kapitän auf Zeit.

Diese 10 Regeln, wie sie im unten stehenden Kasten abgedruckt sind, wurden vom Deutschen Motor-Yacht Verband zusammengestellt:

Richtlinien für die Boots-Charter

Auch bei der Charter von Hausbooten gibt es einige Aspekte zu beachten, damit Ihre Reise zur Erholung wird und Sie unliebsame Überraschungen möglichst von vorneherein ausschließen können. Die Vereinigung Deutscher Yacht-Charterunternehmen (VDC) hat hierzu Richtlinien erlassen, die im folgenden aufgeführt sind:

1. Werbung

In der Werbung des Vercharterers bzw. der Charteragentur,

10 Goldene Regeln für Ihre Sicherheit auf dem Wasser

1. Überprüfen Sie vor Fahrtantritt, dass sich für jedes Crewmitglied eine Schwimmweste an Bord befindet, die den Sicherheitsvorschriften entspricht. Die Rettungsweste muss gewährleisten, dass im Fall der Bewusstlosigkeit der Kopf optimal gelagert wird und nicht unter Wasser gerät.
2. Die Rettungswesten müssen für jedermann zu jeder Zeit greifbar sein.
3. Jedes Crewmitglied muss den Umgang mit der Rettungsweste beherrschen. Es empfiehlt sich, vor Reiseantritt das Anlegen zu üben.
4. Prüfen Sie durch das Aufblasen der Rettungsweste mit dem Mund, dass sie im Notfall auch einsatzbereit ist.
5. Bei einer schlechten Wetterlage, beim Fahren von Manövern und beim Arbeiten an Deck sollte immer eine Schwimmweste angelegt werden.

ausgenommen in Anzeigen, sollen angegeben sein:

a) Der volle Name der Firma des Vercharterers bzw. des Agenten mit Postanschrift, Telefon und ggf. Fax und/oder Telexnummer;
b) die verschiedenen Typenbezeichnungen der angebotenen Boote oder, wenn keine allgemein bekannten Typen angeboten werden, folgende Maße: Länge über Alles, Breite über Alles, Zahl der Kojen;
c) Orte, ab denen verchartert wird;
d) klare und unmissverständliche Angaben über Charterpreise, Höhe und Zahlungsart einer etwaigen Kaution sowie gesonderte Berechnung zusätzlicher Ausrüstung.

2. Chartervertrag

Der Chartervertrag bzw. die Anlagen zum Vertrag sollen enthalten:

a) Die genaue Bezeichnung des vercharterten Bootes;
b) Tag und Stunde des Beginns und des Endes der Charterperiode;
c) die unter 1.d genannten Angaben;
d) bestehende Versicherungen,

6. Achten Sie darauf, dass Kinder und Nichtschwimmer an Bord immer eine Schwimmweste tragen.
7. »Mann über Bord« – Leiten Sie die Sofortmaßnahmen zur Rettung ein. Werfen Sie dem Überbordgefallenen unmittelbar eine Rettungshilfe zu und behalten Sie die Person so lange im Auge, bis die Bergung abgeschlossen ist. Der Überbordgefallene sollte mit der Signalpfeife oder durch Rufen auf sich aufmerksam machen.
8. Tritt der Notfall ein, dass Ihr Boot zum Beispiel kentert und sinkt, dann versuchen Sie, so lange wie möglich am Schiff zu bleiben und sich festzuhalten.
9. Verschwenden Sie nicht unnötige Kraft mit Schwimmbewegungen, das fördert die Unterkühlung. Bleiben Sie zusammen. Fassen Sie sich an den Händen oder binden Sie sich aneinander.
10. Behalten Sie im Wasser unbedingt die Kleidung und die Schuhe an. Sie schützen Sie gegen Unterkühlung.

insbesondere Haftpflicht-/Kaskoversicherungen, sowie Angaben darüber, inwieweit diese Versicherungen im Charterpreis enthalten sind oder gesondert bezahlt werden müssen;

e) Anforderungen des Vercharterers an den Nachweis der Fähigkeit des Charterers und seiner Crew, das gecharterte Boot im vorhergesehenen Revier sicher zu führen;

f) den Hinweis darauf, dass dem Charterer auf Verlangen eine Ausrüstungsliste des gecharterten Bootes auszuhändigen ist;

g) die Verpflichtung des Charterers und seiner Crew, sich innerhalb der Charterperiode gründlich in das Boot einweisen zu lassen und bei Rückgabe des Bootes an einer gründlichen Durchsicht teilzunehmen;

h) Abgrenzung des Reviers, in welchem das gecharterte Boot vom Charterer gefahren werden darf;

i) Regelungen, ob der Vercharterer Seekarten bereitstellt;

j) Regelung über die Berechtigung des Charterers, während der Charterperiode notwendig gewordene Reparaturen mit oder ohne vorherige Zustimmung des Vercharterers ausführen zu lassen, sowie Bestimmungen, durch wen ggf. solche Reparaturen ausgeführt werden dürfen;

k) Regelungen über die finanziellen Verpflichtungen des Charterers für den Fall, dass die Charter nicht angetreten werden kann, und des Vercharterers für den Fall, dass dieser das Boot nicht oder nicht zum vereinbarten Zeitpunkt oder am vereinbarten Ort zur Verfügung stellen kann.

3. Charterpreis

Folgende Angaben sollten vorhanden sein:

a) klare und unmissverständliche Charterpreise;

b) Angaben über Fälligkeit und Zahlungsart des Charterpreises;

c) Angaben über etwaige zusätzliche Kosten;

d) deutliche Trennung einer etwaigen Kaution vom Charterpreis unter Angabe einer etwaigen Selbstbeteiligung.

4. Übergabe des Bootes

Das vercharterte Boot sollte zum vereinbarten Zeitpunkt am vereinbarten Ort sauber und voll ausgerüstet übergeben werden. Bei der Übergabe hat eine gründliche Einweisung de

Charterers und seiner Crew in alle technischen Funktionen unter gleichzeitiger Kontrolle dieser Funktionen stattzufinden. Es ist nachzuweisen, wo jeder Gegenstand der Einrichtung und der Ausrüstung verstaut ist. Zahl und Ordnungsmäßigkeit der Ausrüstung sind gemeinsam zu dokumentieren.

5. Ausrüstung

Die gesamte Ausrüstung des Bootes hat hohen Ansprüchen zu genügen. Stehendes und laufendes Gut, Leinen, Segel und die gesamte sonstige Ausrüstung müssen in gebrauchsfähigem Zustand sein.

In Anlehnung an die internationalen Richtlinien für die Ausrüstung und Sicherheit seegehender Boote und unter besonderer Berücksichtigung der an Charterboote zu stellenden Ansprüche werden für die Binnenschifffahrt mindestens folgende Ausrüstungsgegenstände empfohlen:

a) vier bis sechs Fender, je nach Größe der Boote;
b) so viele ohnmachtssichere Schwimmwesten und Lifebelts, wie es die nationalen Regelungen vorschreiben;
c) Ankergeschirr entsprechend den nationalen Regelungen;
d) mindestens zwei Handfeuerlöscher;
e) Bilgenlenzpumpen nach Vorschrift, davon mindestens eine von Hand zu bedienen;
f) Erste-Hilfe-Ausrüstung.

Die nationalen Vorschriften bezüglich der Mindestausrüstung in den einzelnen Ländern sind in jedem Fall einzuhalten.

Die friedliche Natur an den Ufern des Shannon garantiert Entspannung pur.

Allgemeine Regeln für das Fahren auf Wasserstrassen

Gute Charterunternehmen rüsten ihre Kunden ausreichend mit Unterlagen bezüglich der allgemeinen Verkehrsregeln auf dem Wasser aus. Trotzdem seien hier noch einmal einige Grundlagen aufgeführt:

1. Die Berufsschifffahrt hat immer Vorfahrt vor Sportschiffen und darf nicht behindert oder zu einer Kursänderung gezwungen werden.
2. Wie im normalen Straßenverkehr gilt auch auf dem Wasser das Rechtsfahrgebot.
3. Überholt wird normalerweise von links. Ist ein Fahrwasser sehr breit, darf dies auch auf der rechten Seite erfolgen. In jedem Fall muss mit dem Setzen der blauen Flagge am Bug zu erkennen gegeben werden, dass man die Absicht hat, zu überholen.
4. Die Geschwindigkeitsbegrenzungen können in den verschiedenen Gewässern sehr unterschiedlich sein. Sportboote, die weniger als 20 t wiegen (und dazu zählen natürlich auch die Hausboote), dürfen generell nicht schneller als 8 km/h auf Kanälen und 10 km/h auf Flüssen fahren. Die Geschwindigkeitsbegrenzung dient in erster Linie dem Schutz der Uferböschungen und der Brücken.
5. Unnötiger Lärm, Luft- und Gewässerverschmutzung sind unbedingt zu vermeiden. Das Befahren und Ankern in Schilfgebieten ist grundsätzlich verboten. Halten Sie den vorgeschriebenen Mindestabstand ein und fahren Sie niemals in gesperrte Naturschutzzonen. Abfall- und Fäkalienentsorgung bitte nur bei den dafür vorgesehenen Einrichtungen! Vermeiden Sie auch beim Warten und Betanken Ihres Bootes Gewässerverschmutzungen durch Öl und ölhaltige Abfälle.
6. Das Anlegen und Übernachten ist grundsätzlich überall erlaubt, es sei denn, ein Schild weist ausdrücklich auf ein Anlege- oder Liegeverbot hin. Generell verboten aber ist das Anlegen unter Brücken, vor Schleusen, in engen Kurven und an unübersichtlichen Stellen.

Für die Sportschifffahrt wichtige Schifffahrtszeichen:

Verbotszeichen

Durchfahrt (Einfahrt) verboten

Überholverbot

Verbot des Begegnens und Überholens

Liegeverbot

Ankerverbot

Festmachen verboten

Wendeverbot

Wellenschlag und Sogwirkung vermeiden

Fahrverbot für Sportboote

Verbot für Ruder- und Paddelfahrzeuge
(Schild auch mit Segel- oder Windsurf-Symbol)

Verbot für Fahrzeuge mit Maschinenantrieb
(Schild auch mit Jetski- oder Wasserski-Symbol)

Gebotszeichen

Angezeigte Richtung fahren

Anhalten
(teilw. mit Zusatzschild)

Geschwindigkeitsbeschränkung
(km/h)

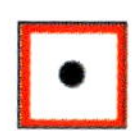
Schallsignal geben

Achtung (teilw. mit Zusatzschild)

Fahrzeuge auf dem Hauptfahrwasser dürfen bei der Einfahrt nicht behindert werden

Eingeschränkte Zeichen

begrenzte lichte Höhe
(teilw. mit Meterangabe)

begrenzte Fahrwassertiefe
(teilw. mit Meterangabe)

begrenzte Breite Durchfahrt
(teilw. mit Meterangabe)

Abstand vom Ufer (Schild) halten
(teilw. mit Meterangabe)

Hinweiszeichen

Einfahrtstafel

kreuzende Freileitung

Stauanlage – Wehr

freifahrende Fähre

nicht freifahrende Fähre

Liegeplatz

Wendestelle

Abzweig oder Einmündung eines Nebenfahrwassers

Ankerplatz

Ende eines Verbotes oder Gebotes

Nautischer Informationsfunk (UKW auch als VHF bez.)

Fahrwasserkennzeichen

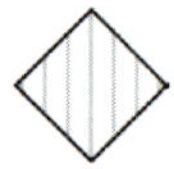
Fahrwassereinfahrt

Fahrwasserausfahrt (selten)

Lage des Fahrwassers am rechten Ufer

Lage des Fahrwassers am linken Ufer

gefährliche Stellen am rechten Ufer

gefährliche Stellen am linken Ufer

Empfehlungszeichen

Empfehlung, in Pfeilrichtung zu fahren

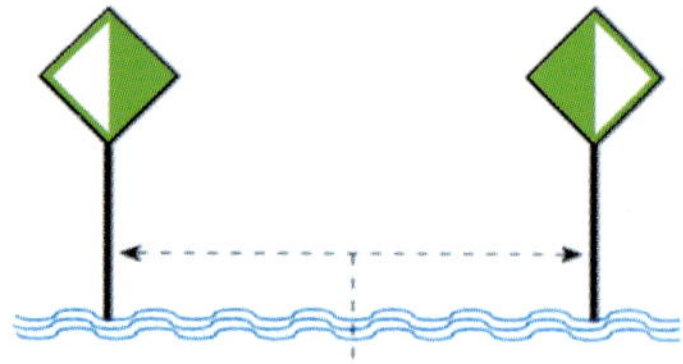
Empfehlung, sich im durch die Tafeln begrenzten Raum zu halten

Zeichen an Brücken und Schleusen:

Schifffahrtszeichen an Brücken

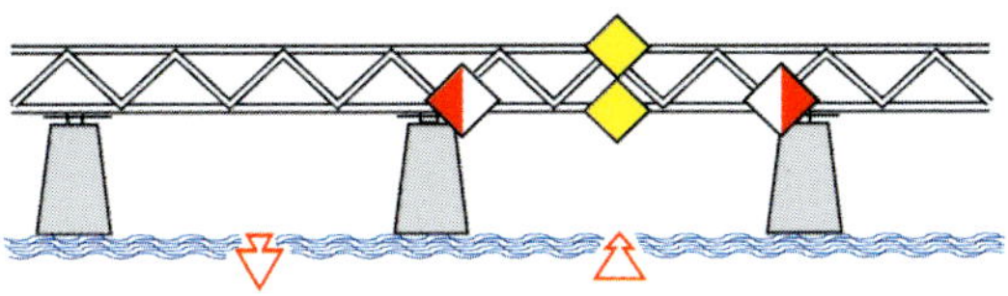

Am Tage

Die Beschilderung bezeichnet die Durchfahrt zwischen den Brückenpfeilern. Außerhalb der ausgeschilderten Durchfahrt ist das Passieren der Brücke verboten. Die bezeichnete Passage ist für den Gegenverkehr gesperrt, der durch ein anderes Brückenjoch gelenkt wird.

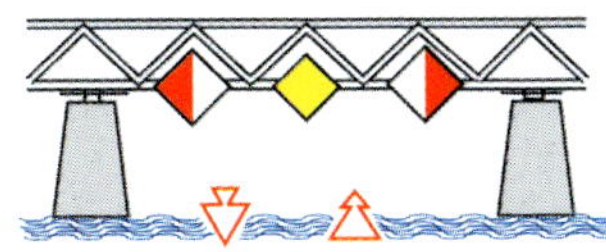

Am Tage

Hier wird die Schifffahrt in beide Richtungen durch das bezeichnete Brückenjoch gelenkt. Daher sollte man sich an das Rechtsfahrgebot halten. Außerhalb der beschilderten Durchfahrt ist das Passieren der Brücke verboten.

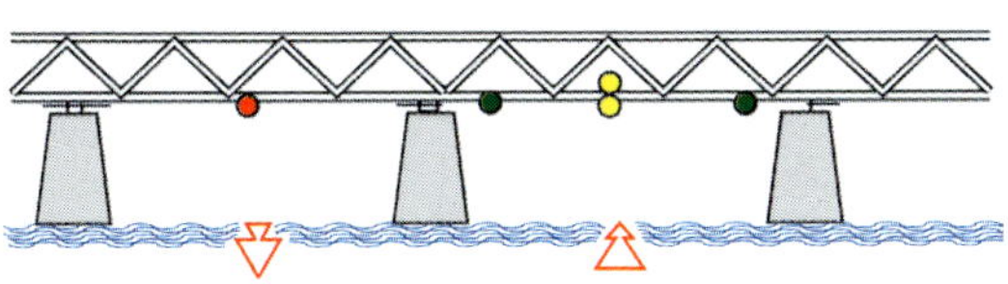

In der Nacht

Zwei übereinander stehende weiße Lichter zwischen zwei grünen Lichtern bezeichnen in der Nacht die Brückendurchfahrt dort, wo die Hauptfahrwasser für die Nachtfahrt eingerichtet sind. Es gelten die oben für die Fahrt am Tage genannten Regeln.

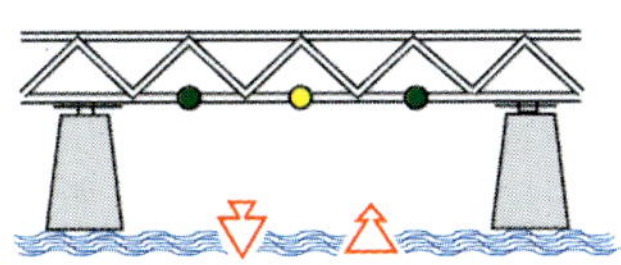

In der Nacht

Ein weißes Licht zwischen zwei grünen Lichtern bezeichnet die Brückendurchfahrt, die von der Schifffahrt in der Nacht in beiden Richtungen zu passieren ist.
Es gelten die oben für die Fahrt am Tage genannten Regeln.

ANHANG

Lichtsignale an Schleusen:

Keine Einfahrt

Einfahrt
(bei Doppelkammer-
schleusen das Zusatz-
signal beachten)

Einfahrt
vorbereiten

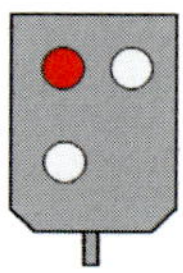

Schleuse außer
Betrieb

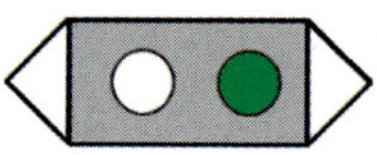

Einfahrtsignal (rechte Kammer)
bei Doppelkammerschleusen

Betonnung und Befeuerung:

Fahrwasser: stromab

rechte Seite

Fahrwasserspaltung

linke Seite

Fahrwassermitte

Untiefen:

Nord

Ost

Süd

West

Einzelgefahr
(Untiefen)

Lästig, aber nützlich: Die Schleusen

Zwar stellen Schleusen oft eine unliebsame Unterbrechung Ihrer Reise dar, doch ohne sie gäbe es kein Fortkommen. Planen Sie pro Schleuse 15 bis 30 Minuten Zeit ein und berücksichtigen Sie diese Zeit bei der Planung Ihrer Tagesetappe.

Damit die Schifffahrt reibungslos ablaufen kann, müssen auch Schleusen von Zeit zu Zeit gewartet werden. Dies geschieht meist im Winter und die Schleusen werden zu diesem Zweck geschlossen. Das örtliche Wasser- und Schifffahrtsamt und auch Ihr Charterunternehmen kann Ihnen hierzu genaue Auskünfte geben. Auch an Feiertagen ist der Schleusenbetrieb oft eingeschränkt bzw. nur auf Antrag möglich. Die Schleusenwärter halten eine Mittagspause ein und mit Einbruch der Dunkelheit wird die Schleuse für die Nacht geschlossen. Die genauen Zeiten erfahren Sie ebenfalls bei den Wasser- und Schifffahrtsämtern und Ihrem Charterunternehmen.

Abhängig von der Art der Nutzung der Schleuse (Freizeit- und/oder Berufsschifffahrt) variieren auch die Abmessungen der Schleusen. Da Hausboote jedoch zu den kleineren Fahrzeugen zählen, dürften hier keine Probleme entstehen.

In Irland ist die Benutzung einer Schleuse gebührenpflichtig; die Zahlung erfolgt mittels einer Chipkarte, die Sie bei Ihrem Vermieter erhalten. Diese Schleusenkarte ist weiterhin notwendig zur Bedienung einer unbemannten Schleuse, und schließlich dient sie auch noch als »Schlüssel« zu Duschkabinen und Waschmaschinen!

Auf einigen Wasserstraßen in England benötigen Sie ebenfalls eine Chipkarte zum Bedienen der Schleusen; auch in diesem Fall erhalten sie sie bei Ihrem Bootsvermieter.

Man unterscheidet verschiedene Arten von Schleusen:

Große Wasserstraßen

Auf den großen Wasserstraßen werden die Schleusen ausschließlich von Schleusenwärtern bedient. Sie kontrollieren den gesamten Vorgang und legen auch die Reihenfolge fest, in der die Schiffe und Boote in die Schleusenkammer einfahren dürfen. Berufsschiffe haben grundsätzlich Vorrang.

Kleinere Wasserstraßen / Kanäle

Auf vielen Kanälen und kanalisierten Flüssen sind einige

Schleusen auf halb- oder vollautomatische Bedienung eingerichtet. Rote und grüne Lichter (wie bei Verkehrsampeln) regeln den Schleusenverkehr. Leuchten das rote und das grüne Licht gleichzeitig, ist die Schleuse in Vorbereitung, bei grün dürfen Sie einfahren.

Automatische Schleusen

Man unterscheidet zwischen halbautomatischen und vollautomatischen Schleusen.
Bei halbautomatischen Schleusen wird das herannahende Boot von einem Fotodetektor erfasst. Wenn das Signallicht automatisch auf grün umschaltet, dürfen Sie in die Schleuse einfahren. Kurz vor dem Schleusentor befindet sich ein Hebelarm, der mindestens fünf Sekunden lang gegen die Mauer gedrückt werden muss. Durch das Betätigen dieser Meldestange wird der Schleusenvorgang gestartet. Für Notfälle ist eine zusätzliche rote Stange vorhanden.
Die vollautomatische Schleuse ist an allen Schleusentoren mit Fotozellen ausgestattet. Sie registrieren das Boot beim Anfahren, beim Einfahren in die Schleuse und auch bei der Ausfahrt. Somit entfällt die manuelle Betätigung des Hebelarmes.
Bei beiden Arten der automatischen Schleuse ist darauf zu achten, dass Sie die Schleuse wirklich langsam anfahren, damit die Fotozellen Ihr Boot richtig erfassen können!

Schleusen mit Schleusenwärtern

Nähert man sich einer bemannten Schleuse, gibt man einen langen Signalton und teilt dem Schleusenwärter so mit, dass man seine Schleuse passieren möchte. Stoppen Sie mindestens 50 Meter vor der Schleuse und warten Sie auf das Zeichen des Schleusenwärters, dass die Schleuse zur Einfahrt bereit ist. Es ist üblich, dass ein Crewmitglied aussteigt und dem Schleusenwärter zur Hand geht, bis der Vorgang abgeschlossen ist.

Unbemannte Schleusen

Auf kleinen Wasserstraßen sind die meisten Schleusen unbemannt und werden vom Bootsführer selbst bedient. Zu diesem Zweck benötigen Sie eine Handkurbel, die Sie entweder von Ihrem Charterunternehmen oder von der letzten bemannten Schleuse auf Ihrer Route erhalten. Die Anleitung zum Bedienen der Schleusen erhalten Sie ebenfalls von Ihrem Vercharterer.

Telefonieren:

Vorwahlen:

Für Großbritannien und Nordirland: 0044 + Telefonzonenvorwahl ohne vorangestellte 0 + Teilnehmernummer.
Für die Republik Irland: 00353 + Telefonzonenvorwahl ohne vorangestellte 0 + Teilnehmernummer. (Im Buch sind alle Nummern in Großbritannien und Irland so angegeben, wie sie von außerhalb dieser Länder anzurufen wären. Wenn Sie innerhalb Großbritanniens bzw. Irlands einen der angeführten Teilnehmer anrufen möchten, lassen Sie die Landesvorwahl 0044 bzw. 00353 weg und stellen der angegebenen Telefonzonenvorwahl wieder eine 0 voran.)
Nach Deutschland: 0049 + Ortskennziffer ohne 0 + Teilnehmernummer.

Notruf:

Polizeinotruf und Unfallrettung: 999 / 112

Masse und Gewichte

Längen:

1 inch 2,54 cm
1 foot 30,48 cm
1 yard 91,44 cm
1 mile 1,61 m

Flächen:

1 square yard 0,84 m2
1 acre 4,047 m2
1 square mile 2,59 km2

Volumen:

1 pint 0,57 l
1 quart 1,14 l
1 gallon 4,45 l

Gewichte:

1 ounce 28 g
1 pound 454 g
1 stone 6,35 kg

Währung:

Bitte denken Sie daran: Die Währung in Großbritannien und Nordirland ist nach wie vor das Pfund Sterling!

Verkehrsregeln:

Keine Angst vor dem Linksverkehr! Sie haben sich schnell an die »falsche« Straßenseite gewöhnt. Lediglich die Bedienung der Gangschaltung im Leihwagen ist ungewohnt.
Achtung allerdings beim Befahren der Wasserstraßen: Hier gilt, anders als auf den »Land«straßen, der Rechtsverkehr!

Häfen:

In Irland und Großbritannien werden die Häfen nicht unbedingt individuell bewirtschaftet. Wenn am Ende der Tourenbeschreibungen ein Hafen nicht mit Telefonnummer versehen ist, sind folgende Besonderheiten zu beachten:

Irland:

Alle Häfen und Liegeplätze am Shannon sind – mit Ausnahme der Häfen der Bootsvermieter – öffentlich und kostenlos zu nutzen. Sie werden nicht bewirtschaftet, aber oft sind Wasser und sanitäre Einrichtungen vorhanden. Eine Reservierung von Liegeplätzen ist nicht möglich.

Großbritannien:

Die meisten Kanäle und Flüsse unterstehen einer Aufsichtsbehörde, die auch für die Reservierung von Liegeplätzen zuständig ist. Die Adresse der jeweils zuständigen Behörde ist den Angaben zu den Häfen und Anlegestellen vorangestellt.

Nützliche Adressen:

Allgemein:

British Tourist Authority (BTA)
Urlaubsservice Großbritannien
Westendstr. 16-22
60325 Frankfurt
Tel.: 01801-468642
Fax: 069-97112444
E-Mail: gb-info@bta.org.uk
Website:
www.visitbritain.com/de

Tourism Ireland
British Tourist Authority (BTA)
Urlaubsservice Großbritannien
Westendstr. 16-22
60325 Frankfurt
Tel.: 01801-468642
Fax: 069-97112444
E-Mail: gb-info@bta.org.uk
Website: www.irland-ferien.de

Local Ireland
Merrion House
Merrion Road
Dublin 4
Tel.: 00353-1-2187650
Fax: 00353-1-2839988
Website: www.local.ie

Vereine/Verbände

Der Deutsche Motoryachtverband e.V.
Vinckeufer 12-14
47119 Duisburg
(U.a. Herausgeber der Zeitschrift *boote*, die nützliche Tipps und Informationen zu verschiedenen Revieren enthält)

Vereinigung Deutscher Yacht-Charterunternehmen e.V.
(VDC)
Postfach 301491
50784 Köln

Wasser- und Schifffahrtsämter Irland und Großbritannien:

Shannon Development
Shannon Town Center
Shannon
Tel.: 00353-61-361555
Fax: 00353-61-363180

E-Mail: info@shannon-dev.ie
Website: www.shannon-dev.ie

British Waterways Authority
Willow Grange
Church Road
Watford
WD17 3QA
Tel.: 0044-1923-201120
Fax: 0044-1923-201102
E-Mail: enquiries.hq@british-waterways.co.uk
Website: www.britishwater-ways.co.uk

British Waterways Scotland
Canal House
Applecross Street
Glasgow
G4 9SP
Tel.: 0044-141-3326936
Fax: 0044-141-3311688
E-Mail: enquiries.hq@british-waterways.co.uk
Website: www.britishwater-ways.co.uk

Broads Authority
18 Colegate
Norwich
NR3 1BQ
Tel.: 0044-1603-610734
Fax: 0044-1603-765710
E-Mail: webenquiries@broads-authority.gov.uk
Website: www.broads-authority.gov.uk

Kartenmaterial und Literatur:

Map of Inland Waterways Great Britain
Farbige Karte mit den technischen Daten der Flüsse und Kanäle, in englischer Sprache.

Map of Irish Waterways
Farbige Karte mit den technischen Daten der Flüsse und Kanäle, in englischer Sprache.

Shell Guide to the River Shannon
Ausführlicher Führer, viele Farbfotos, Karten. Englische und deutsche Texte.

Henry Braunschweig: »Charterwissen für Motoryacht und Hausbootfahrer«, Reihe »Bordpraxis«
Pietsch Verlag, Stuttgart, 2001

Bildnachweis

Bord Failte Ireland
Seiten: 6, 12, 16, 18, 22, 24, 30, 33, 36, 40, 44, 181.

British Tourist Authority
Seiten: 8, 10, 47, 54, 57, 60, 68, 71, 74, 82, 85, 88, 96, 100, 102, 110, 113, 117, 124, 127, 130, 138, 141, 144, 154, 159, 161, 166, 170, 173.